中华人民共和国
行政复议法

案例注释版

中国法制出版社
CHINA LEGAL PUBLISHING HOUSE

图书在版编目（CIP）数据

中华人民共和国行政复议法：案例注释版／中国法制出版社编．—北京：中国法制出版社，2023.9（2024.12重印）
（法律法规案例注释版系列；23）
ISBN 978-7-5216-3837-0

Ⅰ．①中… Ⅱ．①中… Ⅲ．①行政复议法-案例-中国 Ⅳ．①D925.35

中国国家版本馆CIP数据核字（2023）第156580号

责任编辑：赵律玮　　　　　　　　　　　　　封面设计：杨泽江

中华人民共和国行政复议法：案例注释版
ZHONGHUA RENMIN GONGHEGUO XINGZHENG FUYIFA：ANLI ZHUSHIBAN

经销/新华书店
印刷/北京虎彩文化传播有限公司
开本/880毫米×1230毫米 32开　　　　　　印张/6 字数/127千
版次/2023年9月第1版　　　　　　　　　　2024年12月第2次印刷

中国法制出版社出版
书号 ISBN 978-7-5216-3837-0　　　　　　　定价：25.00元

北京市西城区西便门西里甲16号西便门办公区
邮政编码 100053　　　　　　　　　　　　　传真：010-63141852
网址：http：//www.zgfzs.com　　　　　　　编辑部电话：010-63141793
市场营销部电话：010-63141612　　　　　　印务部电话：010-63141606

（如有印装质量问题，请与本社印务部联系。）

出版说明

我国各级人民法院作出的生效裁判是审判实践的结晶，是法律适用在社会生活中真实、具体而生动的表现，是连接抽象法律与现实纠纷的桥梁。因此，了解和适用法律最好的办法，就是阅读、参考已发生并裁判生效的真实案例。从广大读者学法用法以及法官、律师等司法实务人员工作的实际需要出发，我们组织编写了这套"法律法规案例注释版"丛书。该丛书侧重"以案释法"，期冀通过案例注释法条的方法，将法律条文与真实判例相结合，帮助读者准确理解与适用法律条文，并领会法律制度的内在精神。

丛书最大的特点是：

一、**专业性**。丛书所编选案例的原始资料基本来源于各级人民法院已经审结并发生法律效力的裁判文书，从阐释法律规定的需要出发，加工整理而成。对于重点法条，则从全国人大常委会法工委等立法部门对条文的专业解读中提炼条文注释。

二、**全面性**。全书以主体法为编写主线，并辅之以条文主旨、条文注释、实用问答、典型案例、相关规定等，囊括了该法条的理论阐释和疑难问题，帮助读者全面理解法律知识体系。

三、**示范性**。裁判案例是法院依法对特定主体之间在特定时间、地点发生的法律纠纷作出的裁判，其本身具有真实性、指导性和示范性的特点。丛书选择的案例紧扣法律条文规定，精选了最高人民法院、最高人民检察院公布的指导案例等典型案例，对于读者有很强的参考借鉴价值。

四、实用性。每本书通过实用问答模块，以问答的方式解答实务中的疑难问题，帮助读者更好地解决实际问题。丛书设置"相关案例索引"栏目，列举更多的相关案例，归纳出案件要点，以期通过相关的案例，进一步发现、领会和把握法律规则、原则，从而作为解决实际问题的参考，做到举一反三。

五、便捷性。本丛书采用大字排版、双色印刷，清晰舒朗，提升了读者的阅读体验。我们还在部分分册的主体法律文件之后收录重要配套法律文件，以及相应的法律流程图表、文书等内容，方便读者查找和使用。

希望本丛书能够成为广大读者学习、理解和运用法律的得力帮手！

目 录

中华人民共和国行政复议法

第一章 总 则

第一条 【立法目的】 …………………………………… 2
第二条 【适用范围】 …………………………………… 3
第三条 【工作原则】 …………………………………… 4
第四条 【行政复议机关、机构及其职责】 …………… 5
第五条 【行政复议调解】 ……………………………… 6
● 典型案例
  1. 成都某矿业公司不服四川省国土资源厅探矿权不予受理通知案…………………………………………… 6
  2. 某有限公司不服某区市场监管局行政处罚案……… 8
第六条 【行政复议人员】 ……………………………… 10
第七条 【行政复议工作保障】 ………………………… 10
第八条 【行政复议信息化建设】 ……………………… 10
第九条 【表彰和奖励】 ………………………………… 10

1

第 十 条　【行政复议与行政诉讼的衔接】 …………… 11
  ● 典型案例
    魏某诉山东省人民政府行政复议案 …………… 12

第二章　行政复议申请

第一节　行政复议范围

第十一条　【行政复议范围的一般规定】 …………… 13
  ● 典型案例
    某国际有限公司、湖北某高速公路有限公司诉湖北省荆州市人民政府、湖北省人民政府解除特许权协议及行政复议案 …………… 15

第十二条　【行政复议范围的排除】 …………… 18
  ● 典型案例
    1. 张某诉江苏省某市人民政府行政复议决定检察监督案 …… 18
    2. 杨某诉成都市政府其他行政纠纷案 …………… 20

第十三条　【对规范性文件的附带审查】 …………… 21
  ● 典型案例
    徐某诉山东省五莲县社会医疗保险事业处不予报销医疗费用案 …………… 21

第二节　行政复议参加人

第十四条　【申请人】 …………… 23
  ● 典型案例
    冯甲诉河北省衡水市人民政府撤销国有土地使用证案 …… 23

第十五条　【代表人】 …………… 26

2

第 十 六 条　【第三人】 …………………………………… 26
　●典型案例
　　张某银诉徐州市人民政府房屋登记行政复议决定案 ………… 27
第 十 七 条　【代理人】 …………………………………… 27
第 十 八 条　【法律援助】 ………………………………… 27
第 十 九 条　【被申请人】 ………………………………… 28

第三节　申请的提出

第 二 十 条　【一般申请期限】 …………………………… 29
第二十一条　【最长申请期限】 …………………………… 30
第二十二条　【申请方式】 ………………………………… 30
　●典型案例
　　肖某不服湖南省国土资源厅拒收政府信息公开申请表案 …… 31
第二十三条　【复议前置】 ………………………………… 32

第四节　行政复议管辖

第二十四条　【县级以上地方人民政府管辖】 …………… 33
第二十五条　【国务院部门管辖】 ………………………… 34
第二十六条　【原级行政复议决定的救济途径】 ………… 34
第二十七条　【垂直领导行政机关等管辖】 ……………… 35
第二十八条　【司法行政部门的管辖】 …………………… 35
第二十九条　【行政复议与行政诉讼的选择】 …………… 35

第三章　行政复议受理

第 三 十 条　【受理条件】 ………………………………… 35

3

● **典型案例**

　　1. 黄某军等人不服金华市工商行政管理局工商登记行
　　　　政复议案…………………………………………… 36
　　2. 杨某诉山东省人民政府行政复议案………………… 37
　　3. 李某不服湖南省国土资源厅建设用地预审案……… 38
　　4. 宛某等诉安徽省人民政府行政复议案……………… 39

第三十一条　【申请材料补正】………………………… 41
第三十二条　【部分案件的复核处理】………………… 41
第三十三条　【驳回复议申请】………………………… 42
第三十四条　【复议前置后的行政诉讼】……………… 42
第三十五条　【对行政复议受理的监督】……………… 42

第四章　行政复议审理

第一节　一般规定

第三十六条　【审理程序及要求】……………………… 43
第三十七条　【审理依据】……………………………… 44
第三十八条　【提级审理】……………………………… 44
第三十九条　【复议中止】……………………………… 44
第 四 十 条　【恢复审理】……………………………… 45
第四十一条　【复议终止】……………………………… 45
第四十二条　【复议期间行政行为不停止执行及其例外】……… 46

第二节　行政复议证据

第四十三条　【证据种类】……………………………… 47

● 典型案例

　　赵某不服某公安分局行政处罚决定案 …………… 47

第四十四条　【举证责任】……………………………… 50

第四十五条　【调查取证】……………………………… 51

● 典型案例

　　马某某不服某区住建委行政答复案 ……………… 51

第四十六条　【被申请人收集和补充证据限制】……… 53

第四十七条　【申请人等查阅、复制权利】…………… 53

第三节　普通程序

第四十八条　【被申请人书面答复】…………………… 54

第四十九条　【听取意见程序】………………………… 54

第五十条　　【听证情形和人员组成】………………… 54

第五十一条　【听证程序和要求】……………………… 55

第五十二条　【行政复议委员会组成和职责】………… 55

第四节　简易程序

第五十三条　【简易程序适用情形】…………………… 56

第五十四条　【简易程序的具体要求】………………… 57

第五十五条　【简易程序向普通程序转换】…………… 57

第五节　行政复议附带审查

第五十六条　【规范性文件审查处理】………………… 58

第五十七条　【行政行为依据审查处理】……………… 58

第五十八条　【附带审查处理程序】…………………… 58

第五十九条　【附带审查处理结果】…………………… 59

第六十条　【接受转送机关的职责】 …………………… 59

第五章　行政复议决定

第六十一条　【行政复议决定程序】 …………………… 59

第六十二条　【行政复议审理期限】 …………………… 60

第六十三条　【变更行政行为】 ………………………… 60

● 典型案例

　项某敏诉六盘水市人民政府改变原行政行为行政复议决定案 …… 61

第六十四条　【撤销或者部分撤销、责令重作行政行为】 ……… 61

● 典型案例

　1. 刘彩丽诉广东省英德市人民政府行政复议案 ……… 61

　2. 喻某某不服某街道办事处限期拆除决定案 ……… 66

　3. 魏某某、郝某某不服某镇政府限期拆除通知书案 ……… 68

　4. 某文化传播有限公司不服某镇政府公告案 ……… 70

第六十五条　【确认行政行为违法】 …………………… 72

第六十六条　【限期履行法定职责】 …………………… 73

第六十七条　【确认行政行为无效】 …………………… 73

第六十八条　【维持行政行为】 ………………………… 73

● 典型案例

　1. 丹东某气体有限公司诉辽宁省市场监督管理局行政
　　处罚及国家市场监督管理总局行政复议案 ……… 74

　2. 某药业有限公司诉广东省原食品药品监督管理局、
　　原国家食品药品监督管理总局行政处罚及行政复议案 ……… 76

　3. 某药业有限公司诉山东省济南市原食品药品监督管

理局、山东省原食品药品监督管理局行政处罚及行政复议案 ················· 78

  4. 周某诉江西省某市政府、某区政府房屋征收决定、补偿决定及行政复议检察监督案 ················· 80

第六十九条　【驳回复议请求】 ················· 82
第 七 十 条　【被申请人不提交书面答复等情形的处理】 ················· 82
第七十一条　【行政协议案件处理】 ················· 82
第七十二条　【行政复议期间赔偿请求的处理】 ················· 83

● 典型案例

  夏某英诉山东省威海市人民政府行政复议再审案 ················· 84

第七十三条　【行政复议调解处理】 ················· 85

● 典型案例

  张某与黑龙江省某市人民政府行政复议调解检察监督案 ················· 85

第七十四条　【行政复议和解处理】 ················· 86
第七十五条　【行政复议决定书】 ················· 87
第七十六条　【行政复议意见书】 ················· 87
第七十七条　【复议文书的履行及不履行的后果】 ················· 87
第七十八条　【行政复议决定书、调解书的强制执行】 ················· 88
第七十九条　【行政复议决定书公开和文书抄告】 ················· 88

第六章　法律责任

第 八 十 条　【行政复议机关不依法履职的法律责任】 ················· 88
第八十一条　【行政复议机关工作人员法律责任】 ················· 89
第八十二条　【被申请人不书面答复等行为的法律责任】 ················· 89
第八十三条　【被申请人不履行有关文书的法律责任】 ················· 90

第八十四条　【拒绝、阻扰调查取证等行为的法律责任】……… 90
第八十五条　【违法事实材料移送】……… 90
第八十六条　【职务违法犯罪线索移送】……… 90

第七章　附　　则

第八十七条　【受理申请不收费】……… 91
第八十八条　【期间计算和文书送达】……… 91

● 典型案例

糜某诉浙江省某市住房和城乡建设局、某市人民政府
信息公开及行政复议检察监督案 ……… 91

第八十九条　【适用范围补充规定】……… 94
第 九 十 条　【施行日期】……… 94

附　　录

中华人民共和国行政复议法实施条例 ……… 95
　　（2007年5月29日）
中华人民共和国行政诉讼法 ……… 110
　　（2017年6月27日）
最高人民法院关于适用《中华人民共和国行政诉讼法》的
　　解释 ……… 133
　　（2018年2月6日）
最高人民法院关于第一审知识产权民事、行政案件管辖的
　　若干规定 ……… 178
　　（2022年4月20日）

中华人民共和国行政复议法

（1999年4月29日第九届全国人民代表大会常务委员会第九次会议通过　根据2009年8月27日第十一届全国人民代表大会常务委员会第十次会议《关于修改部分法律的决定》第一次修正　根据2017年9月1日第十二届全国人民代表大会常务委员会第二十九次会议《关于修改〈中华人民共和国法官法〉等八部法律的决定》第二次修正　2023年9月1日第十四届全国人民代表大会常务委员会第五次会议修订　2023年9月1日中华人民共和国主席令第9号公布　自2024年1月1日起施行）

目　　录

第一章　总　　则
第二章　行政复议申请
　第一节　行政复议范围
　第二节　行政复议参加人
　第三节　申请的提出
　第四节　行政复议管辖
第三章　行政复议受理
第四章　行政复议审理

第一节 一般规定

第二节 行政复议证据

第三节 普通程序

第四节 简易程序

第五节 行政复议附带审查

第五章 行政复议决定

第六章 法律责任

第七章 附　　则

第一章　总　　则

第一条　立法目的

为了防止和纠正违法的或者不当的行政行为，保护公民、法人和其他组织的合法权益，监督和保障行政机关依法行使职权，发挥行政复议化解行政争议的主渠道作用，推进法治政府建设，根据宪法，制定本法。

● 实用问答

问：行政复议的宪法依据是什么？

答：《中华人民共和国宪法》第41条规定，中华人民共和国公民对于任何国家机关和国家工作人员，有提出批评和建议的权利；对于任何国家机关和国家工作人员的违法失职行为，有向有关国家机关提出申诉、控告或者检举的权利，但是不得捏造或者歪曲事实进行诬告陷害。对于公民的申诉、控告或者检举，有关国家机关必须查清事实，负责处理。任何人不得压制和打击报复。由于国家机关和国家工作人员侵犯公民权利而受到损失的人，有依照法律规定取得赔偿的权利。

● **相关规定**

《中华人民共和国宪法》第41条

第二条 适用范围

公民、法人或者其他组织认为行政机关的行政行为侵犯其合法权益，向行政复议机关提出行政复议申请，行政复议机关办理行政复议案件，适用本法。

前款所称行政行为，包括法律、法规、规章授权的组织的行政行为。

● **实用问答**

问：什么是行政行为？

答：一般认为，行政行为可分为具体行政行为和抽象行政行为。具体行政行为是指行政主体在国家行政管理活动中行使职权，针对特定的行政相对人，就特定的事项，作出有关该行政相对人权利义务的单方行为；抽象行政行为是指行政主体非针对特定人、事与物所作出的具有普遍约束力的行政行为。[1]

---

[1] 《什么是具体行政行为？什么是抽象行政行为？》，载中国人大网，http：//www.npc.gov.cn/zgrdw/npc/flsyywd/flwd/2002-04/18/content_ 293208.htm，最后访问时间：2023年8月22日。

第三条　工作原则

行政复议工作坚持中国共产党的领导。

行政复议机关履行行政复议职责，应当遵循合法、公正、公开、高效、便民、为民的原则，坚持有错必纠，保障法律、法规的正确实施。

● *条文注释*

1. 合法原则

行政复议机关履行行政复议职责首先要遵循合法原则。合法原则是指行政复议机关必须严格依照宪法和法律规定的职责权限，法定程序受理行政复议申请，对申请行政复议的具体行政行为进行审查并作出行政复议决定。

2. 公正原则

公正原则是合法原则的必要补充。行政复议机关在履行行政复议职责的过程中要遵循公正原则。对待申请人、被申请人一视同仁，对原具体行政行为的适当性进行审查，要严格以法律的目的和社会公认的公正标准为尺度。

3. 公开原则

公开原则和公正原则是分不开的，行政复议的条件、依据和过程要公开。按照这一原则，行政复议的程序对申请人是公开的、开放的，申请人可以依法查阅被申请人提出的书面答复、作出具体行政行为的证据、依据和其他有关材料；行政复议决定是公开的；行政复议的依据必须是公开的，而不能依据内部文件作出行政复议决定。

4. 高效原则

行政复议作为一项行政相对人权利救济的重要方式必须讲究效

率。这要求复议机关做到以下几点：（1）在接到行政复议申请后，应当及时予以审查并将有关情况告诉申请人。对不符合行政复议法规定的行政复议申请决定不予受理的，应当及时书面告知申请人；对符合行政复议法规定，但是不属于本机关受理的行政复议申请，应当及时告知申请人向有关行政复议机关提出。（2）受理行政复议申请后，应对申请行政复议的具体行政行为及时进行审查，需要调查取证、听取有关单位和人员意见的，要及时进行，讲求效率。（3）作出行政复议决定要及时。（4）对申请人、被申请人履行行政复议决定的情况要及时了解，对不及时履行行政复议决定的，要依法及时采取措施保证行政复议决定的履行。

5. 便民、为民原则

便民、为民原则要求复议机关在办理行政复议事项时，尽量给相对人提供便利，使相对人节省费用、时间、精力。行政复议机关履行行政复议职责时，应当做到：（1）在法律规定申请人应承担的义务之内，要尽可能为申请人提供方便。（2）在法律规定申请人应承担的义务之外，不得增加申请人的负担，不论是受理行政复议申请，还是调查取证、听取意见，除非法律有明确规定的外，不得随意向申请人提出要求。

第四条 行政复议机关、机构及其职责

县级以上各级人民政府以及其他依照本法履行行政复议职责的行政机关是行政复议机关。

行政复议机关办理行政复议事项的机构是行政复议机构。行政复议机构同时组织办理行政复议机关的行政应诉事项。

行政复议机关应当加强行政复议工作，支持和保障行政复议机构依法履行职责。上级行政复议机构对下级行政复议机构的行政复议工作进行指导、监督。

国务院行政复议机构可以发布行政复议指导性案例。

第五条 行政复议调解

行政复议机关办理行政复议案件，可以进行调解。

调解应当遵循合法、自愿的原则，不得损害国家利益、社会公共利益和他人合法权益，不得违反法律、法规的强制性规定。

● **典型案例**

1. 成都某矿业公司不服四川省国土资源厅探矿权不予受理通知案（国土资源部行政复议十大典型案例[①]之七）

2008年10月，成都某矿业有限公司通过申请在先方式取得四川省南江县吴家湾铅锌多金属矿预查探矿权。2013年，成都某矿业有限公司将上述探矿权勘查矿种变更为金矿，同时勘查项目名称变更为四川省南江县吴家湾金矿详查。2014年10月，成都某矿业有限公司向四川省国土资源厅（以下简称四川省厅）申请对金矿详查探矿权增加石墨矿勘查矿种，并申请颁发勘查许可证。四川省厅向成都某矿业有限公司作出《探矿权申请不予受理通知书》，告知其变更申请不予受理，依据是《四川省人民政府关于印发〈进一步加强矿产资源开发管

---

① 《国土资源部行政复议十大典型案例》，载自然资源部网站，https://www.mnr.gov.cn/gk/tzgg/201712/t20171227_1992804.html，最后访问时间：2023年7月18日。

理规定〉的通知》（川府发〔2014〕59号，以下简称59号文）第三条规定，已申请在先取得的探矿权，不得申请变更或增加低风险矿种勘查。成都某矿业有限公司不服该不予受理通知书，提起行政复议，请求撤销并责令受理其申请。

案件审理过程中，复议机关发现59号文在成都某矿业有限公司向四川省厅申请颁发勘查许可证时，虽已印发，但尚未正式实施。了解到上述情况后，双方当事人都表达了希望通过协调解决行政争议的愿望，经复议机关同意，四川省厅与成都某矿业有限公司进行协商并达成一致，四川省厅同意受理成都某矿业有限公司提交的变更申请，并经依法审查颁发了新的勘查许可证。成都某矿业有限公司撤回了行政复议申请，该行政复议终止。

本案的焦点有两个：一是四川省厅是否应当适用59号文作出不予受理决定；二是在行政复议过程中，可否通过双方当事人的协商，解决行政争议。本案中，成都某矿业有限公司提出变更矿种并颁发勘查许可证申请时，59号文已经印发。但根据《四川省行政规范性文件制定和备案规定》第十八条的规定，规范性文件应当自发布之日起30日以后施行，但因保障国家安全、公共利益的需要，或者发布后不立即施行将有碍法律、法规、规章和国家的方针、政策执行的除外。四川省政府规章对于新的规定是否施行作出了原则性规定，四川省厅出于国家安全、公共利益的需要，适用59号文作出不予受理的行政许可并无不妥，但在不违背法律原则、不损害国家利益和社会公共利益的前提下，最终选择不适用59号文，体现了对行政相对人财产权的保护。行政复议案件可以通过调解、和解的方式进行处理，但调解、和解方式一般适用于自由裁量权行为或者行政赔偿、行政补偿纠纷。实践中，在不违背法律原则，不损害国家利益、社会公共利益和他人合法权益的前提下,鼓励双方当事人通过沟通协商化解行政争议,实现案结事了。一方面简化了程序,节约了行政成本,提高了行政效率,另一方面实质性化解矛盾,避免诉讼,取得了良好的社会效果。

2. 某有限公司不服某区市场监管局行政处罚案（2021—2022 年度北京市行政复议解决人民群众"急难愁盼"问题十大典型案例之六[①]）

申请人某有限公司从事物业管理行业,负责园区多家企业的物业服务,并为企业提供转供电服务。2020 年 6 月,被申请人某区市场监管局在申请人服务的企业进行现场检查时发现,申请人未将 5% 的电费优惠落实到其服务的企业。被申请人经过立案、调查取证、听证等程序作出行政处罚,认定申请人的行为违反了《中华人民共和国价格法》第十二条的规定,构成不执行政府定价的违法行为,依据《中华人民共和国价格法》第三十九条及《价格违法行为行政处罚规定》第九条第四项的规定,责令申请人立即改正违法行为,处以违法所得 330186.02 元五倍的罚款,计 1650930.1 元。申请人认为其违法行为情节轻微,且主动改正违法行为,而被申请人的处罚过重,并未考虑其违法情节轻微,故向某区人民政府申请行政复议。

行政复议机关认为,本案申请人在为其服务的企业转供电的过程中,违反了《中华人民共和国价格法》第十二条的规定,构成不执行政府定价的违法行为。被申请人发现违法线索后,经过立案、调查取证、听证等程序作出行政处罚,程序并无不当。关于行政处罚金额问题,鉴于申请人能够及时改正违法行为,足额退还电费差价,故能够

---

① 《典型案例之六丨减免 66 万元罚款！行政复议让企业"轻装上阵"》,载北京市司法局官方微信公众号"京司观澜",https://mp.weixin.qq.com/s/c6oShhvVnEAwcAdEjaiQdg,最后访问时间:2023 年 7 月 19 日。

认定申请人不执行政府定价行为的事实、性质、情节、社会危害程度均比较轻微,可以裁量减轻处罚。行政复议机关按照合法、自愿的原则进行调解,出具行政复议调解书,维持被申请人关于申请人违法行为的认定;依法将罚款数额由违法所得的五倍改为三倍即 **990558.06 元**。

行政复议是上级政府或部门对下级政府或部门进行层级监督的重要方式,是公民、法人或者其他组织维护自身合法权益的重要途径,是推动法治政府建设的重要抓手。行政复议作为化解行政争议的主渠道,需要更加注重将实质性化解行政争议这一核心摆在更突出地位,更着眼于申请人合法权益能否得到保护,争议涉及实质问题能否得到解决,将调解理念贯彻于行政复议办案全程,推动更多行政复议案件向矛盾化解和疏导集中,努力将行政争议解决在早、化解在小。

本案中申请人在收到行政处罚决定后并未接受该处罚决定,同时申请人能够及时改正违法行为,足额退还电费差价属于未执行政府定价行为的事实、性质、情节、社会危害程度均比较轻微的情形。案涉行政处罚的金额争议属于具有裁量空间的行政行为领域,根据《中华人民共和国行政复议法实施条例》的相关规定可以予以调解。

本案申请人为物业管理企业,被申请人作出行政处罚后,申请人表示不接受该处罚决定。案件审理中,行政复议机关主动发挥行政复议调解职能,在查清事实、不损害社会公共利益和他人合法权益的前提下,遵循自愿、合法、公平的原则,积极在申请人与被申请人之间搭建沟通平台,开展调解工作,经多次沟通协调,申请人与被申请人最终达成和解,该起行政争议得到妥善处置,解决了群众"急难愁盼"的问题。这也是行政复议机关为稳经济、稳就业的社会大局提供有力法治保障,主动为群众办实事、化难题的一个缩影。

第六条　行政复议人员

国家建立专业化、职业化行政复议人员队伍。

行政复议机构中初次从事行政复议工作的人员，应当通过国家统一法律职业资格考试取得法律职业资格，并参加统一职前培训。

国务院行政复议机构应当会同有关部门制定行政复议人员工作规范，加强对行政复议人员的业务考核和管理。

第七条　行政复议工作保障

行政复议机关应当确保行政复议机构的人员配备与所承担的工作任务相适应，提高行政复议人员专业素质，根据工作需要保障办案场所、装备等设施。县级以上各级人民政府应当将行政复议工作经费列入本级预算。

第八条　行政复议信息化建设

行政复议机关应当加强信息化建设，运用现代信息技术，方便公民、法人或者其他组织申请、参加行政复议，提高工作质量和效率。

第九条　表彰和奖励

对在行政复议工作中做出显著成绩的单位和个人，按照国家有关规定给予表彰和奖励。

第十条 行政复议与行政诉讼的衔接

公民、法人或者其他组织对行政复议决定不服的，可以依照《中华人民共和国行政诉讼法》的规定向人民法院提起行政诉讼，但是法律规定行政复议决定为最终裁决的除外。

● **条文注释**

关于行政复议与行政诉讼的先后顺序，《中华人民共和国行政诉讼法》第44条规定，对属于人民法院受案范围的行政案件，公民、法人或者其他组织可以先向行政机关申请复议，对复议决定不服的，再向人民法院提起诉讼；也可以直接向人民法院提起诉讼。法律、法规规定应当先向行政机关申请复议，对复议决定不服再向人民法院提起诉讼的，依照法律、法规的规定。

关于对复议决定不服提起行政诉讼的期限，《中华人民共和国行政诉讼法》第45条规定，公民、法人或者其他组织不服复议决定的，可以在收到复议决定书之日起十五日内向人民法院提起诉讼。复议机关逾期不作决定的，申请人可以在复议期满之日起十五日内向人民法院提起诉讼。法律另有规定的除外。

● **实用问答**

问：人民法院在同时涉及原行政行为和行政复议决定的行政诉讼案件中如何处理？

答：《最高人民法院关于适用〈中华人民共和国行政诉讼法〉的解释》第136条规定，人民法院对原行政行为作出判决的同时，应当对复议决定一并作出相应判决。

人民法院依职权追加作出原行政行为的行政机关或者复议机关为共同被告的，对原行政行为或者复议决定可以作出相应判决。

人民法院判决撤销原行政行为和复议决定的，可以判决作出原行政行为的行政机关重新作出行政行为。

人民法院判决作出原行政行为的行政机关履行法定职责或者给付义务的，应当同时判决撤销复议决定。

原行政行为合法、复议决定违法的，人民法院可以判决撤销复议决定或者确认复议决定违法，同时判决驳回原告针对原行政行为的诉讼请求。

原行政行为被撤销、确认违法或者无效，给原告造成损失的，应当由作出原行政行为的行政机关承担赔偿责任；因复议决定加重损害的，由复议机关对加重部分承担赔偿责任。

原行政行为不符合复议或者诉讼受案范围等受理条件，复议机关作出维持决定的，人民法院应当裁定一并驳回对原行政行为和复议决定的起诉。

● **典型案例**

魏某诉山东省人民政府行政复议案［最高人民法院（2021）最高法行申229号行政裁定书］[①]

魏某就案涉争议请求撤销一、二审判决，再审本案。其申请再审提出的主要事实和理由为：对于下级行政机关作出的行政复议决定，如果有新证据证明复议结果错误，上级行政机关应当予以撤销。

最高人民法院经审查认为，法律并未规定对行政复议决定不服还可以向其上一级行政机关再次申请行政复议。由此可知，我国实行的是一级复议制度。再审申请人魏某不服山东省济南市人民政府作出的相关行政复议决定，再次向山东省政府申请行政复议，山东省政府决

---

① 除单独说明外，本书所引案例均取自中国裁判文书网等公开来源，以下不再提示。

定不予受理并无不当。一、二审分别判决驳回诉讼请求、驳回上诉，亦无不当。

综上，魏某的再审申请不符合《中华人民共和国行政诉讼法》第九十一条规定的情形。裁定如下：驳回再审申请人魏某的再审申请。

● **相关规定**

《中华人民共和国行政诉讼法》第44~45条；《最高人民法院关于适用〈中华人民共和国行政诉讼法〉的解释》第136条

第二章　行政复议申请

第一节　行政复议范围

第十一条　**行政复议范围的一般规定**

有下列情形之一的，公民、法人或者其他组织可以依照本法申请行政复议：

（一）对行政机关作出的行政处罚决定不服；

（二）对行政机关作出的行政强制措施、行政强制执行决定不服；

（三）申请行政许可，行政机关拒绝或者在法定期限内不予答复，或者对行政机关作出的有关行政许可的其他决定不服；

（四）对行政机关作出的确认自然资源的所有权或者使用权的决定不服；

（五）对行政机关作出的征收征用决定及其补偿决定不服；

（六）对行政机关作出的赔偿决定或者不予赔偿决定不服；

（七）对行政机关作出的不予受理工伤认定申请的决定或者工伤认定结论不服；

（八）认为行政机关侵犯其经营自主权或者农村土地承包经营权、农村土地经营权；

（九）认为行政机关滥用行政权力排除或者限制竞争；

（十）认为行政机关违法集资、摊派费用或者违法要求履行其他义务；

（十一）申请行政机关履行保护人身权利、财产权利、受教育权利等合法权益的法定职责，行政机关拒绝履行、未依法履行或者不予答复；

（十二）申请行政机关依法给付抚恤金、社会保险待遇或者最低生活保障等社会保障，行政机关没有依法给付；

（十三）认为行政机关不依法订立、不依法履行、未按照约定履行或者违法变更、解除政府特许经营协议、土地房屋征收补偿协议等行政协议；

（十四）认为行政机关在政府信息公开工作中侵犯其合法权益；

（十五）认为行政机关的其他行政行为侵犯其合法权益。

典型案例

某国际有限公司、湖北某高速公路有限公司诉湖北省荆州市人民政府、湖北省人民政府解除特许权协议及行政复议案（最高人民法院第二批行政协议诉讼典型案例[①]之五）

2008年4月，湖北省荆州市人民政府（以下简称荆州市政府）、湖北省荆州市交通运输局（以下简称荆州市交通局）作为甲方与乙方某国际有限公司（以下简称某国际公司）订立了《武汉至监利高速公路洪湖至监利段项目投资协议》约定，甲方同意按照BOT（Build-Operate-Transfer，即建设–经营–转让）方式（以下简称BOT）授予乙方武汉至监利高速公路洪湖至监利段项目投资经营权。乙方接受授权，愿意按照政府部门批复的建设内容、方案、基数标准、投资估算完成该项目工程的前期工作、投资建设、运营和特许期满后的移交工作。特许期30年，自工程建设完成，通过验收投入试运营之日起计算。2008年6月，某国际公司依法组建了以其为独资股东的湖北某高速公路有限公司（以下简称某高速公司），随后荆州市交通局（甲方）与某高速公司（乙方）订立了《特许权协议》，对特许期、双方的权利义务、单方解除权等事项进行了详细约定。涉案项目自2013年下半年正式动工建设，因某高速公司与其委托施工单位发生纠纷，涉案项目自2015年7月始停滞。2015年11月，荆州市交通局向某高速公司下达了《违约整改通知书》，要求某高速公司迅速组织项目资金到位，在60日内组织施工单位全面复工，否则将考虑是否解除特许权协议。此后，荆州市政府、荆州市交通局多次要求某国际公司组织资金复工，某国际公司收到通知后进行了相应回复，但并未实质恢

[①] 《最高人民法院第二批行政协议诉讼典型案例》，载最高人民法院网站，https://www.court.gov.cn/zixun/xiangqing/355511.html，最后访问时间：2023年7月19日。

复项目正常建设。2016年11月,荆州市交通局根据《特许权协议》第七十七条的约定作出《终止(解除)协议意向通知》,通知某高速公司在三十天内就采取措施避免单方面解除《特许权协议》进行协商。嗣后,某高速公司未与荆州市交通局达成一致意见。2017年7月,荆州市交通局依某国际公司、某高速公司申请就拟终止(解除)《特许权协议》举行听证之后作出了《终止(解除)特许权协议通知》(以下简称《通知》)并送达。某国际公司、某高速公司不服《通知》向湖北省人民政府(以下简称湖北省政府)提起了行政复议,湖北省政府复议予以维持。某国际公司、某高速公司不服诉至法院,请求撤销荆州市政府作出的《通知》和湖北省政府作出的维持复议决定。

湖北省武汉市中级人民法院一审认为,涉案协议系荆州市政府为加快湖北省高速公路建设,改善公路网布局,以BOT的方式授予某国际公司洪湖至监利段项目投资经营权,属于以行政协议的方式行使行政权力的行为。在行政协议的订立、履行过程中,不仅行政机关应当恪守法定权限,不违背法律、法规的强制性规定,履行协议约定的各项义务,作为行政协议的相对方的某国际公司亦应严格遵守法定和约定的义务,否则行政机关有权依照法律规定以及协议的约定,行使解除协议的权利。本案中,某高速公司因与其委托施工方发生争议,涉案项目自2015年7月始未正常推进,致使协议目的不能实现,《特许权协议》约定的荆州市政府行使单方解除权的条件成就,荆州市政府作出《通知》符合法律规定,亦符合《特许权协议》的约定。此外,为妥善处理争议,荆州市政府不仅按照约定给予了协谈整改期,且在拟作出解除协议之前给予某高速公司充分的陈述、申辩权并如期举行了听证,作出被诉《通知》行为事实清楚,证据充分,程序妥当。一审法院遂驳回了某国际公司、某高速公司的诉讼请求,但考虑到某国际公司、某高速公司在涉案项目前期建设中,已进行了大额投资和建设,建议荆州市政府在协议终止后,妥善处理好后续审计、补偿事宜。某国际公司、某高速公司不服,提起上诉。湖北省高级人民法院二审判决驳回上诉,维持一审判决。

政府通过BOT协议引进社会资本参与高速公路建设,是新时代中国特色社会主义市场经济不断发展的必然产物,也是发挥政府职能,充分释放社会资本潜力,更好地实现行政管理和公共服务目标的有效方式。因此,BOT协议的性质通常为行政协议,由此引发的相关争议,依法应由行政诉讼予以受理。另外,本案中湖北省政府作出维持复议决定,表明复议机关亦可以依法受理行政协议争议。协议相对人存在根本违约行为,导致协议目的不能实现时,行政机关可以单方行使法定解除权。因行政机关不能以原告身份提起行政协议之诉,行政机关通常以单方通知或决定的方式,依法送达给协议相对人以解除行政协议,送达之日即为行政协议解除之时。行政机关单方解除行政协议的,应当在解除决定中就协议解除后的法律后果一并予以明确,尤其是协议相对人依法应当履行相应义务或承担相应责任的。关于行政协议解除的法律效力,可以参照适用有关民事合同法律规范。本案中,尽管协议相对人因自身原因导致行政协议被解除,依法应当承担违约责任,但其在前期建设中进行了大额投资和建设,因而整体上仍存在利益需要返还的可能,人民法院据此建议行政机关妥善处理好后续审计、补偿事宜,有助于行政争议的妥善化解,也有利于保障社会资本方参与公私合作的积极性和安全感。

● *相关规定*

《税务行政复议规则》第14条

| 第十二条 | 行政复议范围的排除 |

下列事项不属于行政复议范围：

（一）国防、外交等国家行为；

（二）行政法规、规章或者行政机关制定、发布的具有普遍约束力的决定、命令等规范性文件；

（三）行政机关对行政机关工作人员的奖惩、任免等决定；

（四）行政机关对民事纠纷作出的调解。

● **典型案例**

1. 张某诉江苏省某市人民政府行政复议决定检察监督案[" 检察为民办实事"——行政检察与民同行系列典型案例（第五批）[①] 之案例一]

1982年，张某应征入伍，1988年因公致残，被评为三等乙级伤残后退役，同年4月到江苏省某市（原某县）民政局安置办报到，未被安置工作，后一直以务农、打工维持生计。2018年，张某向南通市人社局咨询军龄是否可折抵社保缴费年限，被告知需根据参军档案确认军龄。张某遂向民政部门要求调取参军档案，得知其档案于撤乡并镇时遗失。张某要求民政部门为其安排公益性岗位或者解决养老保险问题。民政部门认为其已享受伤残抚恤补助，安排公益性岗位或者解决养老保险无政策依据。张某对处理意见不服，同年10月要求民政部门归还参军档案、给予其退伍安置、为其办理参战优待证，向某市政府申请行政复议。某市政府以该申请不属于行政复议受案范围、超

[①] 《"检察为民办实事"——行政检察与民同行系列典型案例（第五批）》，载最高人民检察院网站，https：//www.spp.gov.cn/xwfbh/wsfbt/202205/t20220516_556726.shtml#2，最后访问时间：2023年7月19日。

过法定期限为由，作出不予受理决定。张某向南通市中级人民法院提起行政诉讼。法院审查认为，某市政府的不予受理决定适用法律正确、程序合法，驳回张某诉讼请求。张某上诉、申请再审，均被驳回。

2021年11月，张某向江苏省检察院申请监督。江苏省检察院依法受理，重点开展以下调查核实工作：一是走访某市民政局、查阅张某退役前后关于伤残退役军人安置的法律法规、政策，了解到张某属于"可安置"的情形，民政局限于当时当地经济情况，未为其安置工作。其退役不久后江苏省人民政府即出台《〈退伍义务兵安置条例〉实施细则》，类似情形从"可安置"变为"应当安置"。二是向张某战友核实张某参军情况，到某市退伍军人安置办调取张某退伍军人报到登记表、应征入伍通知书，确认其有67个月军龄。三是赴张某所在村调查其家庭、收入、健康情况。了解到张某因2015年遭遇交通事故无法正常工作，且肇事方无力赔偿；2018年，其妻郭某摔伤，经两次手术后留有严重后遗症需长期治疗，夫妻二人仅靠张某伤残军人优抚补助金维系生活，经济极度困难，且郭某因无力支付赡养费被母亲诉至法院。该案法院判决郭某支付赡养费，已进入执行程序。

检察机关经审查认为：1. 遗失档案是事实行为，不是行政行为，不属于行政复议受案范围。现国家已成立退役军人事务管理部门，规范了对退役军人档案的统一管理。2. 张某于1988年退伍，其于2018年主张退伍安置，已超过申请行政复议、提起行政诉讼的期限。3. 根据当时政策，张某不属于必须安置的情形，某市民政局未予以安置并无明显不当，且相关部门已为张某办理了伤残军人证并享有相关待遇。综上，某市政府不予受理的决定、法院的判决并无不当。但综合考虑张某退伍前后关于伤残退役军人安置相关规定的变化，其请求政府给予必要安置、维系基本生存的主张具有一定合理性。江苏省检察院决定立足解决张某基本生计问题化解行政争议。一是运用行政争议化解一体化工作机制凝聚争议化解合力。江苏省检察院发挥指挥、协调、督导作用,加强法律适用、退役军人政策研究解读,指导制定化解方案;南通市检察院先后4次到某市检察院指导,为张某释法说理;某市检察院发挥属地优势,就近联络行政机关、主管单位,及时帮扶申请人。二是"司法救助+社会救助"解燃眉之急。经调查核实张某符合司法救助条件,某市检察院启动司法救助程序,协助张某依法申请救助金2万元;同时,南通市检察院主动联系当地退役军人事务管理部门,推动两级退役军人事务管理部门从退役军人专项关爱基金中给付救助金5000元,有效纾解张某生活窘困。三是多元帮扶凝聚"共管"合力。根据相关规定,军龄视同社保缴费年限。由于本案无法以参军档案核实军龄,检察机关经调查认为,有相应证据证明张某军龄为67个月,该军龄可作为社保缴费年限。同时,推动某市政府办公室、市退役军人事务局、人社局、镇政府等部门多次联席会商,商议安置、救助方案,最终确立多元救助帮扶方案:由市检察院、信访局、退役军人事务局、镇政府共同筹资,一次性为张某补缴社会养老保险和医疗保险,从根本上解决张某生存安置难题。2021年12月22日,张某自愿向江苏省检察院撤回监督申请,并承诺服判息诉。

2. 杨某诉成都市政府其他行政纠纷案(《最高人民法院公报》2007年第10期)

行政机关驳回当事人申诉的信访答复,属于行政机关针对当事人不服行政行为的申诉作出的重复处理行为,并未对当事人的权利义务产生新的法律效果,不是行政复议法所规定的可以申请行政复议的行政行为。当事人不服行政机关作出的上述信访答复，申请行政复议，接受申请的行政复议机关作出不予受理决定，当事人不服该决定，诉请人民法院判决撤销该不予受理决定的，人民法院不予支持。

● 相关规定

《公安机关办理行政复议案件程序规定》第 28 条

第十三条 对规范性文件的附带审查

公民、法人或者其他组织认为行政机关的行政行为所依据的下列规范性文件不合法，在对行政行为申请行政复议时，可以一并向行政复议机关提出对该规范性文件的附带审查申请：

（一）国务院部门的规范性文件；

（二）县级以上地方各级人民政府及其工作部门的规范性文件；

（三）乡、镇人民政府的规范性文件；

（四）法律、法规、规章授权的组织的规范性文件。

前款所列规范性文件不含规章。规章的审查依照法律、行政法规办理。

● 典型案例

徐某诉山东省五莲县社会医疗保险事业处不予报销医疗费用案（行政诉讼附带审查规范性文件典型案例[①]之一）

徐某的丈夫刘某患肺癌晚期并发脑转移，先后于 2014 年 4 月 8 日、2014 年 6 月 3 日两次入住某医院治疗，2014 年 7 月 8 日医治无效

[①] 《行政诉讼附带审查规范性文件典型案例》，载最高人民法院网站，https://www.court.gov.cn/zixun/xiangqing/125871.html，最后访问时间：2023 年 7 月 19 日。

去世。在某医院住院治疗期间，产生医疗费用105014.48元。2014年7月21日，徐某申请五莲县社会医疗保险事业处给予办理新农合医疗费用报销。五莲县社会医疗保险事业处于2015年1月12日作出《五莲县社会医疗保险事业处关于对申请人徐某合作医疗报销申请的书面答复》（以下简称《书面答复》），依据五莲县卫生局、五莲县财政局《2014年五莲县新型农村合作医疗管理工作实施办法》（以下简称《实施办法》）第五条第二款的规定，认为刘某就诊的医疗机构不属于政府举办的医疗机构，决定不予报销。徐某认为五莲县社会医疗保险事业处不予报销所依据的政策规定不符合省、市相应政策规定的精神，侵犯其合法权益，为此向五莲县人民政府提出行政复议申请。五莲县人民政府认为五莲县社会医疗保险事业处的《书面答复》符合规定，于2015年4月13日作出行政复议决定，维持五莲县社会医疗保险事业处作出的《书面答复》。徐某起诉请求人民法院撤销五莲县社会医疗保险事业处作出的《书面答复》，同时，对五莲县社会医疗保险事业处所依据规范性文件的合法性进行审查。

山东省日照市中级人民法院二审认为，案涉《实施办法》第五条第二款规定"参合农民到市外就医，必须到政府举办的公立医疗机构"，该款规定对行政相对人的权利作出了限缩性规定，不符合上位法规范性文件的相关规定，不能作为认定行政行为合法的依据，《书面答复》应予撤销。对于徐某的新型农村合作医疗费用依据上位规范性文件的规定应否报销，需由五莲县社会医疗保险事业处重新审查并作出处理。据此，二审法院撤销山东省五莲县人民法院一审判决；撤销五莲县社会医疗保险事业处作出的《书面答复》；并责令五莲县社会医疗保险事业处于判决生效之日起60日内对徐某的申请重新审查并作出处理。

修改后的行政诉讼法第五十三条增加了对规范性文件进行附带审查的条款。规范性文件的制定应以上位法为依据，与上位法相冲突的条款不具有合法性，不能作为认定行政行为合法的依据。本案涉及的《实施办法》第五条第二款关于"参合农民到市外就医，必须到政府举办的公立医疗机构"的规定，限缩了行政相对人选择就医的权利，不符合上位依据的相关规定，不能作为认定涉案行政行为合法的依据。

第二节　行政复议参加人

第十四条　申请人

依照本法申请行政复议的公民、法人或者其他组织是申请人。

有权申请行政复议的公民死亡的，其近亲属可以申请行政复议。有权申请行政复议的法人或者其他组织终止的，其权利义务承受人可以申请行政复议。

有权申请行政复议的公民为无民事行为能力人或者限制民事行为能力人的，其法定代理人可以代为申请行政复议。

● **典型案例**

冯甲诉河北省衡水市人民政府撤销国有土地使用证案 [最高人民法院行政审判十大典型案例（第一批）[①] 之九]

1995年6月3日，河北省景县商业局食品加工厂为了解决职工住房问题，申请征收涉案土地。1995年10月，原景县土地管理局将该土地征收，并出让给景县商业局食品加工厂，并在办理土地登记过程

[①] 《最高人民法院行政审判十大典型案例（第一批）》，载最高人民法院网站，https://www.court.gov.cn/zixun/xiangqing/47862.html，最后访问时间：2023年7月19日。

中将土地使用者变为冯乙（冯甲之父）。1995年11月，河北省景县人民政府（以下简称景县政府）为冯乙颁发了国有土地使用证。冯乙办证后一直未建房。2003年3月1日，第三人张某以3000元的价格将该地卖给赵某，双方签订转让协议。2004年赵某在该地上建房并居住至今，但一直未办理土地使用证。2009年6月，冯乙将赵某诉至景县人民法院，赵某得知冯乙已办证，遂提起行政复议。复议机关以程序违法为由撤销景县政府为冯乙颁发的国有土地使用证，并注销其土地登记。冯乙不服该复议决定，诉至法院。

河北省冀州市人民法院一审认为，第三人赵某在本案争议土地上建房，并居住多年，赵某与景县政府为冯乙发放土地使用证的行政行为存在利害关系，因而被告受理赵某提起的行政复议申请并无不当。被告认定景县土地管理局未依法办理土地权属变更，直接为冯乙办理土地登记程序违法，并认定依据该土地登记办理的土地使用证程序违法，事实清楚，判决维持被诉行政行为。冯乙不服，提起上诉。

河北省衡水市中级人民法院二审认为，虽然赵某在涉案土地上建有房屋，但是景县政府的颁证行为在先，赵某的利益在后，以后来的利益否定在先的行政行为，不符合客观实际情况，也没有法律依据。二审法院判决撤销一审判决和被诉的行政复议决定。本案经再审，判决撤销二审判决，维持一审判决。

后本案经最高人民法院裁定提审。最高人民法院认为，本案的焦点问题是，赵某对于1995年11月景县政府颁发国有土地使用证的行政行为是否具有申请行政复议的主体资格。赵某对涉案土地的占有源于张某2003年的转让行为，而颁证行为则发生在此次转让之前的1995年。因此，赵某要获得申请复议的资格只有通过转让承继的方式。而转让承继的前提则是颁证行为作出时张某具有申请复议的资格。1995年10月，原景县土地管理局将该土地征收后，该幅土地的性质已经转变为国有。张某未对土地征收行为提起行政复议或者行政诉讼。此后，原景县土地管理局在办理土地登记过程中将土地使用者变为冯乙，景县政府也为冯乙颁发了国有土地使用证。该颁证行为是在该幅土地通过征收转为国有土地的基础上作出的。即，在颁证行为作出之前，即使不考虑张某在1990年就已经将涉案土地使用权有价转让给冯乙一节，其亦因该土地被征收而不享有土地使用权，故其与该颁证行为之间并无法律意义上的利害关系，不足以获得申请复议的资格。据此，赵某不具备申请行政复议的权利基础。判决撤销再审判决，维持二审判决。

本案的典型意义在于进一步确定行政复议资格和权利的承继问题。行政复议制度是我国重要的行政救济制度。行政救济制度的核心理念在于"有权利必有救济"。根据行政复议法的规定，行政相对人认为行政行为侵犯其合法权益的，可以向行政机关提出行政复议申请。根据行政复议法实施条例的规定，申请需与被申请的行政行为有利害关系，复议申请才予以受理。本案中，赵某对涉案土地的占有来源于张某在2003年的转让。被申请复议的颁证行为发生在1995年。行政机关作出颁证行为时，张某已经丧失对涉案土地的使用权，与该颁证行为之间已无法律意义上的利害关系，亦无申请行政复议的资格。罗马法谚"后手的权利不得优于前手"也体现了权利继受规则。本案中，作为前手的张某已经丧失行政复议的资格，作为后手的赵某则丧失了权利继受的基础。本案颁证之后，行政机关与行政相对人之间业已形成稳定的行政法律关系，除非存在法定事由，法院和行政复议机关亦有义务维持行政法律关系的有序存在。公民、法人或者其他组织只有在符合行政复议法和行政诉讼法的关于利害关系人的规定的前提下,才能对既存法律关系发起复议或者诉讼"挑战",这也正是维护法律安定性和行政秩序稳定性的需要。该案对于明确行政复议资格条件及其承继具有一定的示范意义。

第十五条 代表人

同一行政复议案件申请人人数众多的,可以由申请人推选代表人参加行政复议。

代表人参加行政复议的行为对其所代表的申请人发生效力,但是代表人变更行政复议请求、撤回行政复议申请、承认第三人请求的,应当经被代表的申请人同意。

第十六条 第三人

申请人以外的同被申请行政复议的行政行为或者行政复议案件处理结果有利害关系的公民、法人或者其他组织,可以作为第三人申请参加行政复议,或者由行政复议机构通知其作为第三人参加行政复议。

第三人不参加行政复议,不影响行政复议案件的审理。

● **条文注释**

根据《中华人民共和国行政诉讼法》第12条第1款第2项的规定,在行政复议等行政程序中被追加为第三人的,属于行政诉讼法第25条第1款规定的"与行政行为有利害关系"。由此可见,以第三人的身份参加过行政复议程序的、同申请行政复议的行政行为或者案件处理结果有利害关系的公民、法人或者其他组织,若后续成讼,同样可以参加行政诉讼。

● **典型案例**

张某银诉徐州市人民政府房屋登记行政复议决定案（《最高人民法院公报》2005年第3期）

同被申请复议的具体行政行为有利害关系的公民、法人或者其他组织，可以作为第三人参加行政复议。权利主体可以选择以第三人的身份参加复议，也可以放弃权利。但是行政复议机关必须以适当的方式通知第三人参加复议，如果没有通知与行政复议结果有利害关系的第三人参加行政复议，则违反正当程序原则，构成严重违法，应予撤销。

第十七条 代理人

申请人、第三人可以委托一至二名律师、基层法律服务工作者或者其他代理人代为参加行政复议。

申请人、第三人委托代理人的，应当向行政复议机构提交授权委托书、委托人及被委托人的身份证明文件。授权委托书应当载明委托事项、权限和期限。申请人、第三人变更或者解除代理人权限的，应当书面告知行政复议机构。

第十八条 法律援助

符合法律援助条件的行政复议申请人申请法律援助的，法律援助机构应当依法为其提供法律援助。

● **实用问答**

问：什么是法律援助？如何获取法律援助？

答：《中华人民共和国法律援助法》第2条规定，本法所称法律援助，是国家建立的为经济困难公民和符合法定条件的其他当事人无偿提供法律咨询、代理、刑事辩护等法律服务的制度，是公共法律服务体系的组成部分。第23条规定，法律援助机构应当通过服务窗口、电话、网络等多种方式提供法律咨询服务；提示当事人享有依法申请法律援助的权利，并告知申请法律援助的条件和程序。

● **相关规定**

《中华人民共和国法律援助法》；《法律援助条例》

第十九条 被申请人

公民、法人或者其他组织对行政行为不服申请行政复议的，作出行政行为的行政机关或者法律、法规、规章授权的组织是被申请人。

两个以上行政机关以共同的名义作出同一行政行为的，共同作出行政行为的行政机关是被申请人。

行政机关委托的组织作出行政行为的，委托的行政机关是被申请人。

作出行政行为的行政机关被撤销或者职权变更的，继续行使其职权的行政机关是被申请人。

● **实用问答**

问：**不服行政复议，提起行政诉讼，如何确定被告？**

答：《中华人民共和国行政诉讼法》第26条第2款、第3款规定，经复议的案件，复议机关决定维持原行政行为的，作出原行政行为的行政机关和复议机关是共同被告；复议机关改变原行政行为的，复议机关是被告。复议机关在法定期限内未作出复议决定，公民、法人或者其他组织起诉原行政行为的，作出原行政行为的行政机关是被告；起诉复议机关不作为的，复议机关是被告。《最高人民法院关于适用〈中华人民共和国行政诉讼法〉的解释》第59条规定，公民、法人或者其他组织向复议机关申请行政复议后，复议机关作出维持决定的，应当以复议机关和原行为机关为共同被告，并以复议决定送达时间确定起诉期限。

● *相关规定*

《中华人民共和国行政诉讼法》第26条；《最高人民法院关于适用〈中华人民共和国行政诉讼法〉的解释》第59条

第三节 申请的提出

第二十条 一般申请期限

公民、法人或者其他组织认为行政行为侵犯其合法权益的，可以自知道或者应当知道该行政行为之日起六十日内提出行政复议申请；但是法律规定的申请期限超过六十日的除外。

因不可抗力或者其他正当理由耽误法定申请期限的，申请期限自障碍消除之日起继续计算。

行政机关作出行政行为时，未告知公民、法人或者其他组织申请行政复议的权利、行政复议机关和申请期限的，申请期限自公民、法人或者其他组织知道或者应当知道申请行政复议的权利、行政复议机关和申请期限之日起计算，但是自知道或者应当知道行政行为内容之日起最长不得超过一年。

● **实用问答**

问：什么是不可抗力？

答：依据《中华人民共和国民法典》第 180 条第 2 款的规定，不可抗力是不能预见、不能避免且不能克服的客观情况。一般认为，不可抗力包括自然灾害（如火山、地震、海啸等）和某些社会事件（如战争等）。

● **相关规定**

《中华人民共和国民法典》第 180 条

第二十一条　最长申请期限

因不动产提出的行政复议申请自行政行为作出之日起超过二十年，其他行政复议申请自行政行为作出之日起超过五年的，行政复议机关不予受理。

第二十二条　申请方式

申请人申请行政复议，可以书面申请；书面申请有困难的，也可以口头申请。

书面申请的，可以通过邮寄或者行政复议机关指定的互联网渠道等方式提交行政复议申请书，也可以当面提交行政复议申请书。行政机关通过互联网渠道送达行政行为决定书的，应当同时提供提交行政复议申请书的互联网渠道。

口头申请的，行政复议机关应当当场记录申请人的基本情况、行政复议请求、申请行政复议的主要事实、理由和时间。

申请人对两个以上行政行为不服的，应当分别申请行政复议。

● **典型案例**

肖某不服湖南省国土资源厅拒收政府信息公开申请表案（国土资源部行政复议十大典型案例[①]之三）

2017年4月10日，肖某向湖南省国土资源厅（以下简称"湖南省厅"）通过顺丰速运公司寄交《国土资源政府信息公开申请表》（以下简称《申请表》），申请公开"省人民政府〔2015〕政国土字第1125号《农用地转用、土地征收审批单》所呈报的用地报批资料"。2017年4月13日，湖南省厅拒收肖某寄交的《申请表》。肖某以湖南省厅拒收《申请表》为由向国土资源部提起行政复议，请求责令湖南省厅对其申请的政府信息进行公开。

复议机关认为，肖某向湖南省厅寄交的《申请表》不属于国家机关公文范围，不能认定《申请表》属于邮政企业专营范围。湖南省厅以肖某委托的是不具有信件寄递业务的顺丰速运公司为由拒收《申请表》，属于认定事实不清，适用依据错误。并且，湖南省厅应当对肖某的政府信息公开申请履行答复的义务，湖南省厅拒收《申请表》，应当认定为不作为。据此，复议决定要求湖南省厅在法定时限内答复肖某的信息公开申请。目前，湖南省厅在收到复议决定后，已经根据法律规定作出了信息公开告知。

本案的争议焦点是，行政机关能否拒收申请人委托快递企业投递的信息公开申请。实践中，有的行政机关认为，邮寄给行政机关的信件，只能由邮政企业来投递。实际上，并没有法律法规对公民、法人和其他组织邮寄信件的方式进行规定，也未禁止其通过快递企业投递信息公开申请。同时，根据《邮政法》，机关、企业事业单位应当设置接收邮

[①] 《国土资源部行政复议十大典型案例》，载自然资源部网站，https://www.mnr.gov.cn/gk/tzgg/201712/t20171227_1992804.html，最后访问时间：2023年7月18日。

件的场所。湖南省厅以申请人委托的顺丰速运公司不具有经营信件邮寄业务的资质、其没有接收邮政企业以外的快递企业信件义务为由拒收信件，缺乏法律依据，客观上阻碍了申请人的信息公开申请权，构成了不作为。复议机关经调查了解到，根据当地规定，快递公司投递的信件不能进入办公区域，而湖南省厅距离办公区大门的直线距离较远，信息公开工作机构在人手少、工作量大的情况下，确实存在接收快递的实际困难，但并不能因此拒绝接收信息公开申请。为避免产生争议，行政机关应当设置专门的场所或者开通多种渠道，并将其开通的接收渠道向社会公告，为申请人申请信息公开提供指引和便利。本案对于规范各级国土资源主管部门接收群众信件的程序，具有启示意义。

第二十三条　复议前置

有下列情形之一的，申请人应当先向行政复议机关申请行政复议，对行政复议决定不服的，可以再依法向人民法院提起行政诉讼：

（一）对当场作出的行政处罚决定不服；

（二）对行政机关作出的侵犯其已经依法取得的自然资源的所有权或者使用权的决定不服；

（三）认为行政机关存在本法第十一条规定的未履行法定职责情形；

（四）申请政府信息公开，行政机关不予公开；

（五）法律、行政法规规定应当先向行政复议机关申请行政复议的其他情形。

对前款规定的情形，行政机关在作出行政行为时应当告知公民、法人或者其他组织先向行政复议机关申请行政复议。

● *相关规定*

《最高人民法院关于适用〈中华人民共和国行政诉讼法〉的解释》第 57~58 条

第四节 行政复议管辖

第二十四条 县级以上地方人民政府管辖

县级以上地方各级人民政府管辖下列行政复议案件：

（一）对本级人民政府工作部门作出的行政行为不服的；

（二）对下一级人民政府作出的行政行为不服的；

（三）对本级人民政府依法设立的派出机关作出的行政行为不服的；

（四）对本级人民政府或者其工作部门管理的法律、法规、规章授权的组织作出的行政行为不服的。

除前款规定外，省、自治区、直辖市人民政府同时管辖对本机关作出的行政行为不服的行政复议案件。

省、自治区人民政府依法设立的派出机关参照设区的市级人民政府的职责权限，管辖相关行政复议案件。

对县级以上地方各级人民政府工作部门依法设立的派出机构依照法律、法规、规章规定，以派出机构的名义作出的行政行为不服的行政复议案件，由本级人民政府管辖；其中，对直辖市、设区的市人民政府工作部门按照行政区划设立的派出机构作出的行政行为不服的，也可以由其所在地的人民政府管辖。

● 实用问答

问：经复议的行政诉讼案件，如何确定管辖？

答：《中华人民共和国行政诉讼法》第18条第1款规定，行政案件由最初作出行政行为的行政机关所在地人民法院管辖。经复议的案件，也可以由复议机关所在地人民法院管辖。

第二十五条 国务院部门管辖

国务院部门管辖下列行政复议案件：

（一）对本部门作出的行政行为不服的；

（二）对本部门依法设立的派出机构依照法律、行政法规、部门规章规定，以派出机构的名义作出的行政行为不服的；

（三）对本部门管理的法律、行政法规、部门规章授权的组织作出的行政行为不服的。

第二十六条 原级行政复议决定的救济途径

对省、自治区、直辖市人民政府依照本法第二十四条第二款的规定、国务院部门依照本法第二十五条第一项的规定作出的行政复议决定不服的，可以向人民法院提起行政诉讼；也可以向国务院申请裁决，国务院依照本法的规定作出最终裁决。

● 实用问答

问：经最终裁决的行政复议案件，能否再行提起行政诉讼？

答：不能。《中华人民共和国行政诉讼法》第13条规定，人民法院不受理公民、法人或者其他组织对下列事项提起的诉讼：（一）国防、外交等国家行为；（二）行政法规、规章或者行政机关制定、发布的具有普遍约束力的决定、命令；（三）行政机关对行政机关工作人员的奖惩、任免等决定；（四）法律规定由行政机关最终裁决的行政行为。前述条文第 4 项已对此作出明确规定。

第二十七条　垂直领导行政机关等管辖

对海关、金融、外汇管理等实行垂直领导的行政机关、税务和国家安全机关的行政行为不服的，向上一级主管部门申请行政复议。

第二十八条　司法行政部门的管辖

对履行行政复议机构职责的地方人民政府司法行政部门的行政行为不服的，可以向本级人民政府申请行政复议，也可以向上一级司法行政部门申请行政复议。

第二十九条　行政复议与行政诉讼的选择

公民、法人或者其他组织申请行政复议，行政复议机关已经依法受理的，在行政复议期间不得向人民法院提起行政诉讼。

公民、法人或者其他组织向人民法院提起行政诉讼，人民法院已经依法受理的，不得申请行政复议。

第三章　行政复议受理

第三十条　受理条件

行政复议机关收到行政复议申请后，应当在五日内进行审查。对符合下列规定的，行政复议机关应当予以受理：

（一）有明确的申请人和符合本法规定的被申请人；

（二）申请人与被申请行政复议的行政行为有利害关系；

（三）有具体的行政复议请求和理由；

（四）在法定申请期限内提出；

（五）属于本法规定的行政复议范围；

（六）属于本机关的管辖范围；

（七）行政复议机关未受理过该申请人就同一行政行为提出的行政复议申请，并且人民法院未受理过该申请人就同一行政行为提起的行政诉讼。

对不符合前款规定的行政复议申请，行政复议机关应当在审查期限内决定不予受理并说明理由；不属于本机关管辖的，还应当在不予受理决定中告知申请人有管辖权的行政复议机关。

行政复议申请的审查期限届满，行政复议机关未作出不予受理决定的，审查期限届满之日起视为受理。

● **典型案例**

1. 黄某军等人不服金华市工商行政管理局工商登记行政复议案（《最高人民法院公报》2012年第5期）

买卖、租赁民事合同一方当事人，与合同相对方因公司设立、股权和名称改变而进行的相应工商登记一般没有法律上的利害关系，其以合同相对方存在民事侵权行为为由申请行政复议的，行政复议机关可以不予受理。

2. 杨某诉山东省人民政府行政复议案 [最高人民法院行政审判十大典型案例（第一批)① 之十]

杨某不服山东省青岛市市南区法律援助中心作出的不予法律援助决定，向青岛市市南区司法局提出异议。该局作出答复意见，认为该不予法律援助决定内容适当。杨某对该答复意见不服，向青岛市司法局申请行政复议。该局于 2013 年 10 月 23 日告知其所提复议申请已超过法定申请期限。杨某不服，向青岛市人民政府申请行政复议。该府于 2013 年 10 月 30 日告知其所提行政复议申请不符合行政复议受案条件。杨某不服，向山东省人民政府申请行政复议。山东省人民政府于 2013 年 11 月 18 日对其作出不予受理行政复议申请决定。杨某不服，提起行政诉讼，请求撤销该不予受理决定，判令山东省人民政府赔偿损失。

山东省济南市中级人民法院一审判决驳回杨某的诉讼请求。山东省高级人民法院二审判决驳回上诉，维持一审判决。杨某向最高人民法院申请再审，最高人民法院裁定予以驳回。

最高人民法院认为，申请行政复议和提起行政诉讼是法律赋予公民、法人或者其他组织的权利，其可以在申请行政复议之后再行提起行政诉讼。但杨某在提起行政诉讼之前，针对同一事由连续申请了三级行政复议，明显且一再违反一级行政复议制度。对于明显违反复议制度的复议申请，行政复议机关不予受理后，申请人对此不服提起行政诉讼的，人民法院可以不予立案，或者在立案之后裁定驳回起诉。鉴于本案已经实际走完诉讼程序，原审法院经实体审理后亦未支持杨某的诉讼请求，故无必要通过审判监督程序提起再审后再行裁定驳回起诉。

---

① 《最高人民法院行政审判十大典型案例（第一批）》，载最高人民法院网站，https://www.court.gov.cn/zixun/xiangqing/47862.html，最后访问时间：2023 年 7 月 19 日。

本案典型意义在于：当事人申请行政复议和提起行政诉讼应当具有利用复议制度和诉讼制度解决行政争议的正当性。行政诉讼是解决行政争议，保护公民、法人和其他组织合法权益，监督行政机关依法行使职权的法律救济途径。人民法院既要充分保障当事人正当诉权的行使，又要引导、规范当事人行使诉权。人民法院有义务识别、判断当事人的请求是否具有足以利用行政复议制度和行政诉讼制度加以解决的必要性，避免因缺乏诉的利益而不当行使诉权的情形发生，坚决抵制滥用诉权的行为。对于明显违背行政复议制度、明显具有任性恣意色彩的反复申请，即使行政复议机关予以拒绝，当事人不服提起诉讼的，人民法院也可以不予立案，或者在立案之后裁定驳回起诉。

3. 李某不服湖南省国土资源厅建设用地预审案（国土资源部行政复议十大典型案例[①]之一）

2009年，湖南省国土资源厅（以下简称湖南省厅）根据泸溪县白武公路改造工程有限责任公司提交的申请材料，作出《湖南省建设用地预审报告书》（湘国土预审字〔2009〕第75号，以下简称75号预审报告书），认为该项目用地符合法律法规规定，通过预审。2017年10月，李某经向湖南省厅申请信息公开，获知75号预审报告书，并得知其房屋在75号预审报告书的拟用地范围内。2017年11月20日，李某不服75号预审报告书，提起行政复议，请求撤销该预审报告书。

复议机关认为，预审报告书是依据《土地管理法》的规定，在建设项目可行性研究论证时，国土资源主管部门根据土地利用总体规划、土地利用年度计划和建设用地标准，对建设用地有关事项进行审

[①] 《国土资源部行政复议十大典型案例》，载自然资源部网站，https://www.mnr.gov.cn/gk/tzgg/201712/t20171227_1992804.html，最后访问时间：2023年7月18日。

查后作出的意见,李某不是75号预审报告书的相对人,与75号预审报告书无行政法律上的利害关系,其就75号预审报告书提出的行政复议申请不符合行政复议受理条件,复议机关依法作出不予受理的行政复议决定。

本案的焦点是,建设用地预审意见与拟用地范围内的居民是否具有行政法律上的利害关系。建设项目用地预审是国土资源主管部门对建设项目涉及土地利用有关事项进行的审查,审查的主要内容是建设项目选址是否符合土地利用总体规划,是否符合国家供地政策,项目用地规模是否符合工程建设用地指标的规定,项目占用耕地的,补偿耕地初步方案是否可行,征地补偿安置标准是否符合当地制定的标准等,并根据审查情况出具建设用地预审意见。

从制度设计上看,用地预审实际上是发展改革部门审批、核准项目前对用地的预先把关,是有关部门审批项目可行性研究报告、核准项目申请报告的必备文件,但并不是项目用地的直接依据,不产生外化的法律效力,对预审意见所涉地块范围内的居民而言,其与预审意见没有行政法律上的利害关系,预审意见对其权利义务不产生直接影响。如其认为自身合法权益受到侵害,应当直接就对外发生法律效力的土地征收或房屋拆迁等行为提起行政复议,切实有效维护其合法权益。

4. 宛某等诉安徽省人民政府行政复议案〔最高人民法院(2021)最高法行申1648号行政裁定书〕

宛某等5人申请再审称,安徽省政府作出的《关于宣城市2008年第五批次城市建设用地的批复》与国务院行政复议裁决书均认定案涉土地已被国务院裁决违法,故土地使用权仍属再审申请人所有。宣城市人民政府将案涉土地出让给案外人,该行为严重违法,并侵害再审申请人的合法权益。一、二审认定事实不清，主要证据不足，适用法律错误。请求撤销一、二审判决及安徽省政府驳回行政复议申请决定书，改判安徽省政府受理行政复议申请并作出公正的复议决定。

最高人民法院经审查认为，《中华人民共和国行政复议法实施条例》第十一条规定，公民、法人或者其他组织对行政机关的具体行政行为不服，依照行政复议法和本条例的规定申请行政复议的，作出该具体行政行为的行政机关为被申请人。第二十八条第一项规定，行政复议申请应当有明确的申请人和符合规定的被申请人。本案中，宛某等5人申请行政复议请求确认宣城市人民政府批准征收案涉集体土地的行政行为违法，但该地块是由安徽省政府2009年2月5日作出《关于宣城市2008年第五批次城市建设用地的批复》予以批准征收，宣城市人民政府不是征收该地块的批准机关，宛某等5人以宣城市人民政府为被申请人申请行政复议，该复议申请的被申请人主体不适格。且上述批复已经国务院复议裁决，并被确认违法，宛某等5人再次提出复议申请不符合行政复议的受理条件，故安徽省政府驳回宛某等5人的行政复议申请符合法律规定。原审判决驳回宛某等5人的诉讼请求，并无不当。

综上，宛某等5人的再审申请不符合《中华人民共和国行政诉讼法》第九十一条规定的情形。裁定如下：驳回宛某等5人的再审申请。

● *相关规定*

《自然资源行政复议规定》第10条、第13条

第三十一条　申请材料补正

行政复议申请材料不齐全或者表述不清楚，无法判断行政复议申请是否符合本法第三十条第一款规定的，行政复议机关应当自收到申请之日起五日内书面通知申请人补正。补正通知应当一次性载明需要补正的事项。

申请人应当自收到补正通知之日起十日内提交补正材料。有正当理由不能按期补正的，行政复议机关可以延长合理的补正期限。无正当理由逾期不补正的，视为申请人放弃行政复议申请，并记录在案。

行政复议机关收到补正材料后，依照本法第三十条的规定处理。

● **条文注释**

《中华人民共和国行政复议法实施条例》第 29 条规定，行政复议申请材料不齐全或者表述不清楚的，行政复议机构可以自收到该行政复议申请之日起 5 日内书面通知申请人补正。补正通知应当载明需要补正的事项和合理的补正期限。无正当理由逾期不补正的，视为申请人放弃行政复议申请。补正申请材料所用时间不计入行政复议审理期限。

● **相关规定**

《中华人民共和国行政复议法实施条例》第 29 条

第三十二条　部分案件的复核处理

对当场作出或者依据电子技术监控设备记录的违法事实作出的行政处罚决定不服申请行政复议的，可以通过作出行政处罚决定的行政机关提交行政复议申请。

行政机关收到行政复议申请后,应当及时处理;认为需要维持行政处罚决定的,应当自收到行政复议申请之日起五日内转送行政复议机关。

第三十三条　驳回复议申请

行政复议机关受理行政复议申请后,发现该行政复议申请不符合本法第三十条第一款规定的,应当决定驳回申请并说明理由。

第三十四条　复议前置后的行政诉讼

法律、行政法规规定应当先向行政复议机关申请行政复议、对行政复议决定不服再向人民法院提起行政诉讼的,行政复议机关决定不予受理、驳回申请或者受理后超过行政复议期限不作答复的,公民、法人或者其他组织可以自收到决定书之日起或者行政复议期限届满之日起十五日内,依法向人民法院提起行政诉讼。

第三十五条　对行政复议受理的监督

公民、法人或者其他组织依法提出行政复议申请,行政复议机关无正当理由不予受理、驳回申请或者受理后超过行政复议期限不作答复的,申请人有权向上级行政机关反映,上级行政机关应当责令其纠正;必要时,上级行政复议机关可以直接受理。

第四章 行政复议审理

第一节 一般规定

第三十六条 审理程序及要求

行政复议机关受理行政复议申请后，依照本法适用普通程序或者简易程序进行审理。行政复议机构应当指定行政复议人员负责办理行政复议案件。

行政复议人员对办理行政复议案件过程中知悉的国家秘密、商业秘密和个人隐私，应当予以保密。

● **实用问答**

1. 问：什么是国家秘密？

答：《中华人民共和国保守国家秘密法》第2条规定，国家秘密是关系国家安全和利益，依照法定程序确定，在一定时间内只限一定范围的人员知悉的事项。

2. 问：什么是商业秘密？

答：《中华人民共和国反不正当竞争法》第9条第4款规定，本法所称的商业秘密，是指不为公众所知悉、具有商业价值并经权利人采取相应保密措施的技术信息、经营信息等商业信息。

3. 问：什么是个人隐私？

答：《中华人民共和国民法典》第1032条规定，自然人享有隐私权。任何组织或者个人不得以刺探、侵扰、泄露、公开等方式侵害他人的隐私权。隐私是自然人的私人生活安宁和不愿为他人知晓的私密空间、私密活动、私密信息。

● 相关规定

《中华人民共和国保守国家秘密法》第2条;《中华人民共和国反不正当竞争法》第9条;《中华人民共和国民法典》第1032条

第三十七条　审理依据

行政复议机关依照法律、法规、规章审理行政复议案件。

行政复议机关审理民族自治地方的行政复议案件,同时依照该民族自治地方的自治条例和单行条例。

第三十八条　提级审理

上级行政复议机关根据需要,可以审理下级行政复议机关管辖的行政复议案件。

下级行政复议机关对其管辖的行政复议案件,认为需要由上级行政复议机关审理的,可以报请上级行政复议机关决定。

第三十九条　复议中止

行政复议期间有下列情形之一的,行政复议中止:

(一)作为申请人的公民死亡,其近亲属尚未确定是否参加行政复议;

(二)作为申请人的公民丧失参加行政复议的行为能力,尚未确定法定代理人参加行政复议;

(三)作为申请人的公民下落不明;

(四)作为申请人的法人或者其他组织终止,尚未确定权利义务承受人;

（五）申请人、被申请人因不可抗力或者其他正当理由，不能参加行政复议；

（六）依照本法规定进行调解、和解，申请人和被申请人同意中止；

（七）行政复议案件涉及的法律适用问题需要有权机关作出解释或者确认；

（八）行政复议案件审理需要以其他案件的审理结果为依据，而其他案件尚未审结；

（九）有本法第五十六条或者第五十七条规定的情形；

（十）需要中止行政复议的其他情形。

行政复议中止的原因消除后，应当及时恢复行政复议案件的审理。

行政复议机关中止、恢复行政复议案件的审理，应当书面告知当事人。

● 相关规定

《中华人民共和国民法典》第 40~53 条

第四十条　恢复审理

行政复议期间，行政复议机关无正当理由中止行政复议的，上级行政机关应当责令其恢复审理。

第四十一条　复议终止

行政复议期间有下列情形之一的，行政复议机关决定终止行政复议：

（一）申请人撤回行政复议申请，行政复议机构准予撤回；

（二）作为申请人的公民死亡，没有近亲属或者其近亲属放弃行政复议权利；

（三）作为申请人的法人或者其他组织终止，没有权利义务承受人或者其权利义务承受人放弃行政复议权利；

（四）申请人对行政拘留或者限制人身自由的行政强制措施不服申请行政复议后，因同一违法行为涉嫌犯罪，被采取刑事强制措施；

（五）依照本法第三十九条第一款第一项、第二项、第四项的规定中止行政复议满六十日，行政复议中止的原因仍未消除。

第四十二条　复议期间行政行为不停止执行及其例外

行政复议期间行政行为不停止执行；但是有下列情形之一的，应当停止执行：

（一）被申请人认为需要停止执行；

（二）行政复议机关认为需要停止执行；

（三）申请人、第三人申请停止执行，行政复议机关认为其要求合理，决定停止执行；

（四）法律、法规、规章规定停止执行的其他情形。

第二节　行政复议证据

第四十三条　证据种类

行政复议证据包括：

（一）书证；

（二）物证；

（三）视听资料；

（四）电子数据；

（五）证人证言；

（六）当事人的陈述；

（七）鉴定意见；

（八）勘验笔录、现场笔录。

以上证据经行政复议机构审查属实，才能作为认定行政复议案件事实的根据。

● **典型案例**

赵某不服某公安分局行政处罚决定案（2021—2022年度北京市行政复议解决人民群众"急难愁盼"问题十大典型案例之八[①]）

2021年8月29日，民警在工作中发现自2021年4月24日起，赵某将某小区7号楼1门某室租赁给胡某用于居住，未到房屋所在地的基层管理服务站进行登记。经调查，赵某称其将该房屋租赁给胡某后，没有办理房屋出租登记手续，同时提出中介公司人员说他们的网

[①]《典型案例之八｜撤销处罚 自我"辩护"保障合法权益》，载北京市司法局官方微信公众号"京司观澜"，https://mp.weixin.qq.com/s/b2desfeVM546JbM_QJnpGw，最后访问时间：2023年7月19日。

络和公安网是联通的，可以帮助办理房屋出租等手续，不用自己去办理。民警又对承租人胡某进行询问，胡某称其租房后出租方未带其到房屋所在地基层管理服务站办理登记手续，亦不清楚该房屋是否在房屋所在地基层管理服务站办理了登记手续，且房屋中介公司经纪人表示不需要我们管。2021年8月29日，民警登录北京市流动人口和出租房屋信息采集和管理系统查询，该出租房屋未在该系统内进行出租登记。同日，被申请人某公安分局作出《行政处罚告知笔录》，告知赵某拟作出行政处罚的事实、理由、依据及提出陈述和申辩的权利。赵某提出陈述和申辩后，被申请人作出《行政处罚决定书》，决定给予赵某罚款二百元的行政处罚，当日直接送达。申请人对该决定书不服，向某区人民政府申请行政复议。

行政复议机关认为，本案中，被申请人虽以申请人作为违法行为人施以行政处罚，但根据现有证据，出租房屋所签的《北京市房屋租赁合同》由余某（申请人赵某之妻）签署，被申请人未就出租房屋权属情况及合同签署人与申请人关系进行调查，亦未对房屋中介公司工作人员就出租房屋登记情况进行询问调查。同时，被申请人在申请人提出陈述和申辩的要求下并未听取其意见或进行复核。被申请人作出的行政处罚决定主要事实不清，证据不足，违反法定程序。故行政复议决定撤销该行政处罚决定。

行政机关作出处罚决定前，应对行政违法行为发生的时间、地点、事实、情节、责任人、危害结果及影响等问题进行查证核实。根据《中华人民共和国行政处罚法》第四十四条及第四十五条第一款"当事人有权进行陈述和申辩。行政机关必须充分听取当事人的意见，对当事人提出的事实、理由和证据，应当进行复核；当事人提出的事实、理由或者证据成立的，行政机关应当采纳"之规定，行政机关应当在执法过程中,充分保障利害关系人的陈述、申辩权利,听取其陈述、申辩意见。

行政相对人的陈述申辩权是法律赋予相对人的一种自我"辩护"的重要权利,充分保障相对人行使该项权利对于切实维护相对人的合法权益,实现程序正当具有重要意义。保障相对人陈述申辩权不仅是《中华人民共和国行政处罚法》的要求,同时也是保障相对人法定权利的必然要求,是正当程序原则在行政处罚领域的延伸。

对于行政机关而言,行政处罚过程中保障当事人的陈述申辩权,一是有利于行政机关及其执法人员在听取当事人陈述和申辩后,更加完整地了解情况;二是有利于对案件的事实认定、证据采纳、程序的合法性、依据选择、裁量基准的适用等作出更加全面、准确的判定;三是有利于认定当事人是否具有主观过错,并根据《中华人民共和国行政处罚法》确立的主观过错归责原则,判定处罚必要性。

对于行政相对人而言,行政处罚过程中保障陈述申辩权,一是有利于保护自身合法权益。由于相对人的地位较为被动,保障陈述申辩权可以适度提升相对人在行政活动中的地位;二是保障当事人的陈述申辩权是正当程序原则在行政处罚领域的延伸,陈述申辩程序保障相对人在案件中有参与表达意见的机会,有助于提高行政行为的正确性;三是保障当事人的陈述申辩权是保障民众行政参与权的必然要求。公众参与是民主政治的重要形式,它既是实现公民权利的途径,也是限制公共权力的手段。

由此,本案的典型意义即在于,行政复议机关充分保障了相对人的陈述申辩权利,确保了相对人法定权利与正当程序原则在行政处罚中的贯彻落实。

第四十四条　举证责任

被申请人对其作出的行政行为的合法性、适当性负有举证责任。

有下列情形之一的，申请人应当提供证据：

（一）认为被申请人不履行法定职责的，提供曾经要求被申请人履行法定职责的证据，但是被申请人应当依职权主动履行法定职责或者申请人因正当理由不能提供的除外；

（二）提出行政赔偿请求的，提供受行政行为侵害而造成损害的证据，但是因被申请人原因导致申请人无法举证的，由被申请人承担举证责任；

（三）法律、法规规定需要申请人提供证据的其他情形。

● *条文注释*

"谁主张，谁举证"是基本的举证规则。但是在行政复议、行政诉讼中，实行的是举证责任倒置规则。《中华人民共和国行政诉讼法》第34条第1款规定，被告对作出的行政行为负有举证责任，应当提供作出该行政行为的证据和所依据的规范性文件。第37条规定，原告可以提供证明行政行为违法的证据。原告提供的证据不成立的，不免除被告的举证责任。

● *相关规定*

《中华人民共和国行政诉讼法》第34~37条；《最高人民法院关于行政诉讼证据若干问题的规定》

| 第四十五条 | 调查取证 |

行政复议机关有权向有关单位和个人调查取证，查阅、复制、调取有关文件和资料，向有关人员进行询问。

调查取证时，行政复议人员不得少于两人，并应当出示行政复议工作证件。

被调查取证的单位和个人应当积极配合行政复议人员的工作，不得拒绝或者阻挠。

● 典型案例

马某某不服某区住建委行政答复案（2021—2022年度北京市行政复议解决人民群众"急难愁盼"问题十大典型案例之五[①]）

申请人马某某向被申请人某区住建委递交投诉信，反映：窗台高度与竣工备案图纸严重不符，要求责令建设单位将地面标高之上高出的倒坡高度全部铲除，恢复成竣工备案图纸标高，责令建设单位将西侧主卧窗户高度整改。2021年4月26日，被申请人作出《处理意见》，称未发现西侧窗台高度与竣工备案图纸不符，实际完成面标高与园林景观竣工图基本一致，未发现现场实测外窗规格违反施工图设计文件要求。来信人反映的问题关系民生问题，北京市住房和城乡建设委员会高度重视，继续督促建设单位妥善处理。

马某某不服该处理意见申请行政复议。行政复议机关承办人员为妥善解决争议，与申请人和被申请人多次沟通了解项目情况，并前往涉案房屋处实地踏勘，与建设单位负责人进行谈话，最终撤销了被申

[①] 《典型案例之五 ｜ 依法调查取证 行政复议保障百姓安居》，载北京市司法局官方微信公众号"京司观澜"，https://mp.weixin.qq.com/s/YyF0GinuXQrhyHJSq_hdcA，最后访问时间：2023年7月19日。

请人所作答复，责令其重新作出处理。

行政复议机关认为，被申请人所作第二项答复仅依据房屋设计单位和景观设计单位出具的说明，未进一步依职权对是否存在不按照规划部门审定的工程设计图纸施工等行为予以调查，对"实际完成面标高与园林景观竣工图一致"的认定也未提交相关佐证材料，该答复内容属于认定事实不清，证据不足。对于第四项答复意见，被申请人未准确甄别申请人所表达的真实意思，所作答复内容未针对申请人所提诉求，亦不能予以支持。故行政复议机关维持了《处理意见》的第一项和第三项答复意见，撤销了《处理意见》的第二项和第四项答复意见，责令被申请人在法定期限内对该问题重新作出处理。

安居本就是最为重要的百姓民生问题之一，而本案尤具特殊性。本案申请人反映分配的保障性住房现状相当于半地下室，涉及的住房性质为保障性住房，面向的是城市的弱势群体，争议能否通过行政复议得到妥善解决，事关申请人及与之情况相同人群的重大利益，本案涉及事项无疑属于典型的百姓"急难愁盼"事项。

在本案中，申请人诉称窗台高度与竣工备案图纸严重不符，为更加直观地感受申请人所反映情况是否属实，也为更好查明案情，办案人员驱车前往涉案项目实地踏勘和调查。首先，承办人前往申请人所反映的涉案房屋处，对窗台离地面的高度、窗户高度等予以了测量（室内外均进行了测量），直观感受了从房屋内与屋外的高度。其次，承办人查看了涉案项目经过强制审查的规划图纸、竣工图纸、园林景观图纸，并对图纸进行拍照取证。再次，承办人对开发单位进行了询问，了解了涉案项目的设计规划及建设情况，着重对涉案房屋消防车道、商业屋面的做法及标高问题进行了调查了解。最后，对案件背景和申请人的根本诉求进行了初步调查，尝试做了调解工作。

查明案件事实是行政复议机关有效化解行政争议、监督行政机关依法行政、解决申请人合法合理诉求的前提和基础。本案案情复杂，且涉及公民重大民生问题，最终，行政复议机关撤销了被申请人所作答复，责令其重新进行调查处理，充分保障了申请人的合法权益，解决了老百姓的急难愁盼问题，正是基于本案行政复议机关积极行使调查职权，案件承办人员采取多种措施，主动查明了案件关键事实。

第四十六条　被申请人收集和补充证据限制

行政复议期间，被申请人不得自行向申请人和其他有关单位或者个人收集证据；自行收集的证据不作为认定行政行为合法性、适当性的依据。

行政复议期间，申请人或者第三人提出被申请行政复议的行政行为作出时没有提出的理由或者证据的，经行政复议机构同意，被申请人可以补充证据。

第四十七条　申请人等查阅、复制权利

行政复议期间，申请人、第三人及其委托代理人可以按照规定查阅、复制被申请人提出的书面答复、作出行政行为的证据、依据和其他有关材料，除涉及国家秘密、商业秘密、个人隐私或者可能危及国家安全、公共安全、社会稳定的情形外，行政复议机构应当同意。

第三节　普通程序

第四十八条　被申请人书面答复

行政复议机构应当自行政复议申请受理之日起七日内,将行政复议申请书副本或者行政复议申请笔录复印件发送被申请人。被申请人应当自收到行政复议申请书副本或者行政复议申请笔录复印件之日起十日内,提出书面答复,并提交作出行政行为的证据、依据和其他有关材料。

第四十九条　听取意见程序

适用普通程序审理的行政复议案件,行政复议机构应当当面或者通过互联网、电话等方式听取当事人的意见,并将听取的意见记录在案。因当事人原因不能听取意见的,可以书面审理。

第五十条　听证情形和人员组成

审理重大、疑难、复杂的行政复议案件,行政复议机构应当组织听证。

行政复议机构认为有必要听证,或者申请人请求听证的,行政复议机构可以组织听证。

听证由一名行政复议人员任主持人,两名以上行政复议人员任听证员,一名记录员制作听证笔录。

● **实用问答**

问：什么是听证？

答：听证有广义和狭义之分，广义的听证是听取意见的泛称。狭义的听证仅指以听证会的方式听取意见的制度。我国法律所指的听证一般是狭义的听证，即以听证会的方式听取意见的制度。行政听证制度是指行政主体在作出影响行政相对人合法权益的决定前，由行政主体告知决定理由和听证权利，行政相对人随之向行政主体表达意见、提供证据，以及行政主体听取意见、接纳其证据的程序所构成的一种法律制度。行政听证的目的主要是查清事实真相，给相对人一个公平合理的行政决定，其关键环节是质证。行政听证制度可以充分体现行政程序是否公开、公正、透明、民主。[1]

第五十一条　听证程序和要求

行政复议机构组织听证的，应当于举行听证的五日前将听证的时间、地点和拟听证事项书面通知当事人。

申请人无正当理由拒不参加听证的，视为放弃听证权利。

被申请人的负责人应当参加听证。不能参加的，应当说明理由并委托相应的工作人员参加听证。

第五十二条　行政复议委员会组成和职责

县级以上各级人民政府应当建立相关政府部门、专家、学者等参与的行政复议委员会，为办理行政复议案件提供咨询意见，并就行政复议工作中的重大事项和共性问题研究提出意见。

---

[1] 参见马晓明：《我国行政听证制度的概述与意义》，载中国法院网，https://www.chinacourt.org/article/detail/2017/06/id/2898670.shtml，最后访问时间：2023年8月23日。

行政复议委员会的组成和开展工作的具体办法,由国务院行政复议机构制定。

审理行政复议案件涉及下列情形之一的,行政复议机构应当提请行政复议委员会提出咨询意见:

(一)案情重大、疑难、复杂;

(二)专业性、技术性较强;

(三)本法第二十四条第二款规定的行政复议案件;

(四)行政复议机构认为有必要。

行政复议机构应当记录行政复议委员会的咨询意见。

第四节 简易程序

第五十三条 简易程序适用情形

行政复议机关审理下列行政复议案件,认为事实清楚、权利义务关系明确、争议不大的,可以适用简易程序:

(一)被申请行政复议的行政行为是当场作出;

(二)被申请行政复议的行政行为是警告或者通报批评;

(三)案件涉及款额三千元以下;

(四)属于政府信息公开案件。

除前款规定以外的行政复议案件,当事人各方同意适用简易程序的,可以适用简易程序。

● *实用问答*

问：行政复议简易程序与行政诉讼简易程序在案涉款项上的区别是什么？

答：本条规定的适用简易程序审理的行政复议案件涉及款额为3000元以下；根据《中华人民共和国行政诉讼法》第82条第1款第2项的规定，人民法院可以适用简易程序审理的行政诉讼案件涉及款额为2000元以下。

第五十四条　简易程序的具体要求

适用简易程序审理的行政复议案件，行政复议机构应当自受理行政复议申请之日起三日内，将行政复议申请书副本或者行政复议申请笔录复印件发送被申请人。被申请人应当自收到行政复议申请书副本或者行政复议申请笔录复印件之日起五日内，提出书面答复，并提交作出行政行为的证据、依据和其他有关材料。

适用简易程序审理的行政复议案件，可以书面审理。

第五十五条　简易程序向普通程序转换

适用简易程序审理的行政复议案件，行政复议机构认为不宜适用简易程序的，经行政复议机构的负责人批准，可以转为普通程序审理。

第五节　行政复议附带审查

第五十六条　规范性文件审查处理

申请人依照本法第十三条的规定提出对有关规范性文件的附带审查申请，行政复议机关有权处理的，应当在三十日内依法处理；无权处理的，应当在七日内转送有权处理的行政机关依法处理。

第五十七条　行政行为依据审查处理

行政复议机关在对被申请人作出的行政行为进行审查时，认为其依据不合法，本机关有权处理的，应当在三十日内依法处理；无权处理的，应当在七日内转送有权处理的国家机关依法处理。

第五十八条　附带审查处理程序

行政复议机关依照本法第五十六条、第五十七条的规定有权处理有关规范性文件或者依据的，行政复议机构应当自行政复议中止之日起三日内，书面通知规范性文件或者依据的制定机关就相关条款的合法性提出书面答复。制定机关应当自收到书面通知之日起十日内提交书面答复及相关材料。

行政复议机构认为必要时，可以要求规范性文件或者依据的制定机关当面说明理由，制定机关应当配合。

第五十九条　附带审查处理结果

行政复议机关依照本法第五十六条、第五十七条的规定有权处理有关规范性文件或者依据，认为相关条款合法的，在行政复议决定书中一并告知；认为相关条款超越权限或者违反上位法的，决定停止该条款的执行，并责令制定机关予以纠正。

第六十条　接受转送机关的职责

依照本法第五十六条、第五十七条的规定接受转送的行政机关、国家机关应当自收到转送之日起六十日内，将处理意见回复转送的行政复议机关。

第五章　行政复议决定

第六十一条　行政复议决定程序

行政复议机关依照本法审理行政复议案件，由行政复议机构对行政行为进行审查，提出意见，经行政复议机关的负责人同意或者集体讨论通过后，以行政复议机关的名义作出行政复议决定。

经过听证的行政复议案件，行政复议机关应当根据听证笔录、审查认定的事实和证据，依照本法作出行政复议决定。

提请行政复议委员会提出咨询意见的行政复议案件，行政复议机关应当将咨询意见作为作出行政复议决定的重要参考依据。

第六十二条　行政复议审理期限

适用普通程序审理的行政复议案件，行政复议机关应当自受理申请之日起六十日内作出行政复议决定；但是法律规定的行政复议期限少于六十日的除外。情况复杂，不能在规定期限内作出行政复议决定的，经行政复议机构的负责人批准，可以适当延长，并书面告知当事人；但是延长期限最多不得超过三十日。

适用简易程序审理的行政复议案件，行政复议机关应当自受理申请之日起三十日内作出行政复议决定。

第六十三条　变更行政行为

行政行为有下列情形之一的，行政复议机关决定变更该行政行为：

（一）事实清楚，证据确凿，适用依据正确，程序合法，但是内容不适当；

（二）事实清楚，证据确凿，程序合法，但是未正确适用依据；

（三）事实不清、证据不足，经行政复议机关查清事实和证据。

行政复议机关不得作出对申请人更为不利的变更决定，但是第三人提出相反请求的除外。

● *典型案例*

项某敏诉六盘水市人民政府改变原行政行为行政复议决定案（《最高人民法院公报》2022年第11期）

依照《最高人民法院关于适用〈中华人民共和国行政诉讼法〉的解释》第89条规定，人民法院经审理认为复议决定改变原行政行为错误的，在判决撤销复议决定时，可以一并判决恢复原行政行为的法律效力。

第六十四条　撤销或者部分撤销、责令重作行政行为

行政行为有下列情形之一的，行政复议机关决定撤销或者部分撤销该行政行为，并可以责令被申请人在一定期限内重新作出行政行为：

（一）主要事实不清、证据不足；
（二）违反法定程序；
（三）适用的依据不合法；
（四）超越职权或者滥用职权。

行政复议机关责令被申请人重新作出行政行为的，被申请人不得以同一事实和理由作出与被申请行政复议的行政行为相同或者基本相同的行政行为，但是行政复议机关以违反法定程序为由决定撤销或者部分撤销的除外。

● *典型案例*

1. 刘彩丽诉广东省英德市人民政府行政复议案（最高人民法院指导案例191号）

2016年3月31日，朱展雄与茂名市茂南建安集团有限公司（以

下简称建安公司）就朱展雄商住楼工程签订施工合同，发包人为朱展雄，承包人为建安公司。补充协议约定由建安公司设立工人工资支付专用账户，户名为陆海峰。随后，朱展雄商住楼工程以建安公司为施工单位办理了工程报建手续。案涉工程由梁某某组织工人施工，陆海峰亦在现场参与管理。施工现场大门、施工标志牌等多处设施的醒目位置，均标注该工程的承建单位为建安公司。另查明，建安公司为案涉工程投保了施工人员团体人身意外伤害保险，保险单载明被保险人30人，未附人员名单。2017年6月9日，梁某某与陆海峰接到英德市住建部门的检查通知，二人与工地其他人员在出租屋内等待检查。该出租屋系梁某某承租，用于工地开会布置工作和发放工资。当日15时许，梁某某被发现躺在出租屋内，死亡原因为猝死。

梁某某妻子刘彩丽向广东省英德市人力资源和社会保障局（以下简称英德市人社局）申请工伤认定。英德市人社局作出《关于梁某某视同工亡认定决定书》（以下简称《视同工亡认定书》），认定梁某某是在工作时间和工作岗位，突发疾病在四十八小时之内经抢救无效死亡，符合《工伤保险条例》第十五条第一款第一项规定的情形，视同因工死亡。建安公司不服，向广东省英德市人民政府（以下简称英德市政府）申请行政复议。英德市政府作出《行政复议决定书》，以英德市人社局作出的《视同工亡认定书》认定事实不清，证据不足，适用依据错误，程序违法为由，予以撤销。刘彩丽不服，提起诉讼，请求撤销《行政复议决定书》，恢复《视同工亡认定书》的效力。

广东省清远市中级人民法院于2018年7月27日作出（2018）粤18行初42号行政判决：驳回刘彩丽的诉讼请求。刘彩丽不服一审判决，提起上诉。广东省高级人民法院于2019年9月29日作出（2019）粤行终390号行政判决：驳回上诉，维持原判。刘彩丽不服二审判决,向最高人民法院申请再审。最高人民法院于 2020 年 11 月 9 日作出(2020)最高法行申 5851 号行政裁定,提审本案。2021 年 4 月 27 日,最高人民法院作出(2021)最高法行再 1 号行政判决:一、撤销广东省高级人民法院(2019)粤行终 390 号行政判决;二、撤销广东省清远市中级人民法院(2018)粤 18 行初 42 号行政判决;三、撤销英德市政府作出的英府复决〔2018〕2 号《行政复议决定书》;四、恢复英德市人社局作出的英人社工认〔2017〕194 号《视同工亡认定书》的效力。

最高人民法院认为:

一、建安公司应作为承担工伤保险责任的单位

作为具备用工主体资格的承包单位,既然享有承包单位的权利,也应当履行承包单位的义务。在工伤保险责任承担方面,建安公司与梁某某之间虽未直接签订转包合同,但其允许梁某某利用其资质并挂靠施工,参照原劳动和社会保障部《关于确立劳动关系有关事项的通知》(劳社部发〔2005〕12 号)第四条、《人力资源和社会保障部关于执行〈工伤保险条例〉若干问题的意见》(人社部发〔2013〕34 号,以下简称《人社部工伤保险条例意见》)第七点规定以及《最高人民法院关于审理工伤保险行政案件若干问题的规定》(以下简称《工伤保险行政案件规定》)第三条第一款第四项、第五项规定精神,可由建安公司作为承担工伤保险责任的单位。

二、建安公司应承担梁某某的工伤保险责任

英德市政府和建安公司认为,根据法律的相关规定,梁某某是不具备用工主体资格的"包工头",并非其招用的劳动者或聘用的职工,梁某某因工伤亡不应由建安公司承担工伤保险责任。对此,最高人民法院认为,将因工伤亡的"包工头"纳入工伤保险范围,赋予其享受

工伤保险待遇的权利,由具备用工主体资格的承包单位承担用人单位依法应承担的工伤保险责任,符合工伤保险制度的建立初衷,也符合《工伤保险条例》及相关规范性文件的立法目的。

首先,建设工程领域具备用工主体资格的承包单位承担其违法转包、分包项目上因工伤亡职工的工伤保险责任,并不以存在法律上劳动关系或事实上劳动关系为前提条件。根据《人社部工伤保险条例意见》第七点规定、《工伤保险行政案件规定》第三条规定,为保障建筑行业中不具备用工主体资格的组织或自然人聘用的职工因工伤亡后的工伤保险待遇,加强对劳动者的倾斜保护和对违法转包、分包单位的惩戒,现行工伤保险制度确立了因工伤亡职工与承包单位之间推定形成拟制劳动关系的规则,即直接将违法转包、分包的承包单位视为用工主体,并由其承担工伤保险责任。

其次,将"包工头"纳入工伤保险范围,符合建筑工程领域工伤保险发展方向。根据《国务院办公厅关于促进建筑业持续健康发展的意见》(国办发〔2017〕19号)、《人力资源社会保障部办公厅关于进一步做好建筑业工伤保险工作的通知》(人社厅函〔2017〕53号)等规范性文件精神,要求完善符合建筑业特点的工伤保险参保政策,大力扩展建筑企业工伤保险参保覆盖面。即针对建筑行业的特点,建筑施工企业对相对固定的职工,应按用人单位参加工伤保险;对不能按用人单位参保、建筑项目使用的建筑业职工特别是农民工,按项目参加工伤保险。因此,为包括"包工头"在内的所有劳动者按项目参加工伤保险,扩展建筑企业工伤保险参保覆盖面,符合建筑工程领域工伤保险制度发展方向。

再次,将"包工头"纳入工伤保险对象范围,符合"应保尽保"的工伤保险制度立法目的。《工伤保险条例》关于"本单位全部职工或者雇工"的规定,并未排除个体工商户、"包工头"等特殊的用工主体自身也应当参加工伤保险。易言之,无论是工伤保险制度的建立本意,还是工伤保险法规的具体规定,均没有也不宜将"包工头"排除在工伤保险范围之外。"包工头"作为劳动者,处于违法转包、分包等行为利益链条的最末端,参与并承担着施工现场的具体管理工作,有的还直接参与具体施工,其同样可能存在工作时间、工作地点因工作原因而伤亡的情形。"包工头"因工伤亡,与其聘用的施工人员因工伤亡,就工伤保险制度和工伤保险责任而言,并不存在本质区别。如人为限缩《工伤保险条例》的适用范围,不将"包工头"纳入工伤保险范围,将形成实质上的不平等;而将"包工头"等特殊主体纳入工伤保险范围,则有利于实现对全体劳动者的倾斜保护,彰显社会主义工伤保险制度的优越性。

最后,"包工头"违法承揽工程的法律责任,与其参加社会保险的权利之间并不冲突。根据社会保险法第一条、第三十三条规定,工伤保险作为社会保险制度的一个重要组成部分,由国家通过立法强制实施,是国家对职工履行的社会责任,也是职工应该享受的基本权利。不能因为"包工头"违法承揽工程违反建筑领域法律规范,而否定其享受社会保险的权利。承包单位以自己的名义和资质承包建设项目,又由不具备资质条件的主体实际施工,从违法转包、分包或者挂靠中获取利益,由其承担相应的工伤保险责任,符合公平正义理念。当然,承包单位依法承担工伤保险责任后,在符合法律规定的情况下,可以依法另行要求相应责任主体承担相应的责任。

2. 喻某某不服某街道办事处限期拆除决定案（2021—2022 年度北京市行政复议解决人民群众"急难愁盼"问题十大典型案例之三①）

申请人喻某某系涉案房屋所有权人。某街道办事处发现涉案房屋前搭建有砖混结构一层建筑物（下称"涉案建筑物"），拍照后制作现场笔录、勘验笔录，笔录中备注"当事人不在现场，现场无见证人签字"并立案调查。某街道办事处向规划和自然资源管理部门发出协查认定函后，收到复函显示：涉案建筑物未取得建设工程规划许可证。经向喻某某询问并制作笔录，某街道办事处作出《限期拆除决定书》，认定涉案建筑物属于违法建设，并限期 15 日内拆除。喻某某以涉案建筑物不能认定违法、内部装修不需要申请许可为由，申请行政复议，请求撤销该《限期拆除决定书》。

行政复议机关认为，喻某某《询问笔录》自述系 2012 年翻建形成，且未能提供证据推翻，故认可系 2012 年翻建形成的认定。某街道办事处未能举证证实已经排除不能拆除情形，决定拆除构成主要事实不清、证据不足。某街道办事处进行现场检查和勘验，无喻某某或者见证人到场并在相关笔录上签名，导致笔录的取得程序不符合《最高人民法院关于行政诉讼证据若干问题的规定》和正当程序原则的要求，不符合法定形式，构成违反法定程序。行政复议机关依法作出撤销《限期拆除决定书》的行政复议决定。

本案的典型意义在于，行政复议机关就相关争议焦点所涉及法规范的适用问题展开系统论述，在此基础上撤销了《限期拆除决定书》，寓普法于救济之中，以办案推动法规范解释之完善，较好体现了行政

---

① 《典型案例之三丨房屋没有规划许可，拆除需要审慎判断》，载北京市司法局官方微信公众号"京司观澜"，https://mp.weixin.qq.com/s/XICYfs-PR2MoxN-3W4QnBg，最后访问时间：2023 年 7 月 19 日。

复议解决人民群众"急难愁盼"问题。

关于如何处理未依法取得建设工程规划许可证的建筑物、构筑物的问题，我国城乡规划管理、违法建设查处相关法律、法规、规章和规范性文件都有规定，设置了分层次、多样化的应对机制。考虑到房屋建筑等不动产关系到群众重大切身利益，相关规范对限期拆除设置了若干前置条件。行政复议机关引经据典，透彻说明需要申请办理建设工程规划许可证的包括"新建、改建、扩建、翻建"等各种情形；法规范的适用并非单纯遵循"法不溯及既往"的原则，对"历史遗留问题"给予正面回应；确认限期拆除需要审慎判断并排除可以采取改正措施的情形；强调进行现场检查和勘验需要符合法定程序和正当程序原则。

行政复议机关对限期拆除需要审慎判断并排除可以采取改正措施的情形予以确认、重述，具有极其重要的实践指导价值。尚可采取改正措施消除对规划实施的影响的，限期改正；只有审慎排除了可以采取改正措施消除对规划实施的影响的情形，确认了不存在拆除违法建设可能影响相邻建筑安全、损害无过错利害关系人合法权益或者对公共利益造成重大损害的不能拆除情形，方可决定拆除。基于此基准，认定了被申请人简单决定由申请人拆除涉案建筑物，属于主要事实不清、证据不足，具有较好的示范作用。

此外，行政复议机关参照司法解释规定和正当程序原则来判断是否程序合法问题，作出"违反法定程序"的判断，别具特色。在我国，司法解释是行政法的重要法源；虽然尚未制定行政程序法，缺乏关于正当程序的一般性规定，但正当程序原则散见于《中华人民共和国行政处罚法》《中华人民共和国行政许可法》《中华人民共和国行政强制法》等单行法中，在行政复议和行政诉讼实践中得以广泛承认和援用,已是行政法上的重要原则。行政行为需要接受行政复议、行政诉讼的审查监督,若取证不符合行政诉讼举证要求,程序有违正当程序原则,则该证据应当不予采信,该行为应当认定为不合法。

3. 魏某某、郝某某不服某镇政府限期拆除通知书案(2021—2022年度北京市行政复议解决人民群众"急难愁盼"问题十大典型案例之七①)

魏某某系某镇某村村民,郝某某系魏某某之女婿,案涉房屋为该村村东集体土地上的一栋一层建筑物。该村村民委员会曾出具书面情况说明,载明经镇、村成员开会协调,承诺魏某某可以在其承包土地上在不超出宅基地面积的范围内建房,解决居住问题,有关手续逐步予以完善。之后某镇政府对郝某某涉嫌违法建设行为立案调查,认定涉案建筑物未依法取得建设工程规划许可证,应属于违法建设,并于2021年11月2日向郝某某作出《限期拆除通知书》,限其自行拆除违法建设,逾期不拆除的将依法实施强制拆除。2021年11月11日,某镇政府对涉案建筑物实施了强制拆除。魏某某、郝某某不服该《限期拆除通知书》申请行政复议,要求撤销某镇政府作出的《限期拆除通知书》。

行政复议机关认为,魏某某基于镇政府及村委会所作的承诺,有理由相信其可以先行建设房屋,其建设行为系基于对镇政府公权力承诺的合理信赖而实施,涉案房屋不宜仅以未取得建设工程规划许可证为由即认定属于违法建设。此外,某镇政府未提交证据证明其对涉案房屋的建设主体及建设时间进行过调查,且查处过程中没有保障当事

---

① 《典型案例之七 | 言而有信,保护群众信赖利益》,载北京市司法局官方微信公众号"京司观澜",https://mp.weixin.qq.com/s/UI4TNsIaNeKL5EY0vM0MeQ,最后访问时间:2023年7月19日。

人陈述申辩权利,现场检查勘验过程存在诸多程序问题,故某镇政府作出的《限期拆除通知书》事实认定不清,程序违法,行政复议机关决定依法予以撤销。

基于信赖保护原则,行政相对人基于对公权力行为的合理信赖,其正当利益应当受到保护。在本案中,某镇政府及某村委会均认可曾承诺魏某某可以在其承包地内先行建设房屋以解决居住问题,并未能就行政复议过程中关于承诺无效的主张提供依据。魏某某的建设行为系基于对某镇政府公权力承诺的信任而产生的合理信赖利益,在情势未发生重大变更的情况下不能随意改变。行政复议机关审理时指出,魏某某为本村村民,其建设行为系为解决实际居住及户口落户问题,故从切实保障群众居住权益出发,保护当事人的合理信赖利益,支持了人民群众"住有所居、民有所依"的合理愿景。

与此同时,行政复议切实保障行政相对人的程序权利。本案中,行政复议机关依据程序正当原则,认定本案中行政机关在作出不利于行政相对人的决定或采取不利于行政相对人的措施之前,未能充分保障行政相对人行使陈述申辩的权利,未听取其意见;同时,存在现场勘验笔录并未记录检查及勘验的详细情况、勘验示意图所记载的房屋面积与《限期拆除通知书》中载明的面积并不一致、在未载明被检查人意见的情况下未说明理由、虽然有两位见证人签字但未提交见证人身份证明等情况。因此,行政复议机关认定行政机关作出的《限期拆除通知书》违反法定程序。

4. 某文化传播有限公司不服某镇政府公告案（2021—2022 年度北京市行政复议解决人民群众"急难愁盼"问题十大典型案例之九①）

申请人北京某文化传播有限公司分别于 2018 年 5 月 30 日和 2018 年 6 月 1 日与北京某房地产开发公司签订《物业前期合同》和《物业前期合同补充协议》，约定 2018 年 6 月 1 日至 2024 年 5 月 31 日期间由申请人为某镇某小区的 36 栋独立别墅提供物业服务。2021 年起，上述小区部分业主与北京某物业管理公司签订物业委托管理合同，由此某小区便存在两家物业公司同时服务的情况。2022 年 4 月 8 日，被申请人发函请求区住建委对某小区以业主投票方式确定物业公司的法定程序进行指导。同年 4 月 11 日，区住建委回函进行答复。2022 年 4 月 29 日，被申请人向某小区业主发布《关于投票确认某小区物业公司的公告》，决定于 2022 年 5 月 23 日召开临时业主大会，由业主投票选聘物业公司。当月 20 日，被申请人又发布一份《关于投票确认某小区物业公司的公告》，决定于同年 6 月 11 日以居民议事会方式，由业主投票选聘物业公司，同时将 2022 年 4 月 29 日发布的《公告》废止。2022 年 5 月 27 日，申请人提起行政复议，请求撤销被申请人于 2022 年 5 月 20 日发布的《公告》。

行政复议机关认为，行政机关应在法律法规授权的范围内履行行政管理职责。《物业管理条例》第十一条中规定，业主共同决定选聘和解聘物业服务企业。本案中，被申请人作为乡镇一级人民政府，直接向某小区业主发布《公告》，组织业主召开居民议事会来选聘物业服务人，该行为缺乏法律依据，超越其法定职权范围，故依据《中华

---

① 《典型案例之九丨 监督权力保护权利 实质化解行政争议》，载北京市司法局官方微信公众号"京司观澜"，https://mp.weixin.qq.com/s/wE02RSAjfS9EBO2Mlxnk8A，最后访问时间：2023 年 7 月 19 日。

人民共和国行政复议法》的规定，撤销被申请人于 2022 年 5 月 20 日作出的《公告》。

本案中，一方面，镇政府无权要求以居民议事会方式投票选聘物业公司。《物业管理条例》第十条规定，同一个物业管理区域内的业主，应当在物业所在地的区、县人民政府房地产行政主管部门或者街道办事处、乡镇人民政府的指导下成立业主大会，并选举产生业主委员会。《北京市物业管理条例》第八条规定，街道办事处、乡镇人民政府组织、协调、指导本辖区内业主大会成立和业主委员会选举换届、物业管理委员会组建，并办理相关备案手续；指导、监督业主大会、业主委员会、物业管理委员会依法履行职责，有权撤销其作出的违反法律法规和规章的决定；参加物业承接查验，指导监督辖区内物业管理项目的移交和接管，指导、协调物业服务人依法履行义务，调处物业管理纠纷，统筹协调、监督管理辖区内物业管理活动。第三十六条规定，业主委员会未按照规定召集业主大会会议的，业主可以请求物业所在地的街道办事处、乡镇人民政府责令限期召集；逾期仍未召集的，由物业所在地的街道办事处、乡镇人民政府组织召集。根据上述法律规定，乡镇人民政府对辖区内依法履行职责的业主大会负有指导、监督的法定职责，对物业服务人、物业管理亦是仅负有指导、协调、统筹、监督的职责。

另一方面，业主对于小区物业等具有自主决定的权利。《中华人民共和国民法典》实施后，小区业主、业主大会依法自主参与小区治理的权利在立法层面得到了进一步保障。但在实践层面，居民委员会、街道办事处、乡镇人民政府等基层治理部门多年来职责工作多有交织，且由于小区业主众多、诉求各异，业主大会要达成多数一致意见，才能形成真正代表业主真实合法诉求的决议。居民议事会的方式相对灵活,也可能缺乏代表性,以此方式来选定物业公司,恐怕难以符合大多数业主的利益。

本案行政复议决定的作出,不仅进一步厘清了社区治理中基层人民政府、社区业主及业主大会各自的权力与权利边界,同时还对充分保障业主、业主大会依法独立、完整行使社区治理权利,监督基层人民政府依法行使指导、监督权限给出了具有一定指导意义的回应,充分发挥了行政复议在监督行政机关依法行政和维护社区治理自治秩序中的积极作用。

第六十五条　确认行政行为违法

行政行为有下列情形之一的,行政复议机关不撤销该行政行为,但是确认该行政行为违法:

(一)依法应予撤销,但是撤销会给国家利益、社会公共利益造成重大损害;

(二)程序轻微违法,但是对申请人权利不产生实际影响。

行政行为有下列情形之一,不需要撤销或者责令履行的,行政复议机关确认该行政行为违法:

(一)行政行为违法,但是不具有可撤销内容;

(二)被申请人改变原违法行政行为,申请人仍要求撤销或者确认该行政行为违法;

(三)被申请人不履行或者拖延履行法定职责,责令履行没有意义。

第六十六条　限期履行法定职责

被申请人不履行法定职责的，行政复议机关决定被申请人在一定期限内履行。

第六十七条　确认行政行为无效

行政行为有实施主体不具有行政主体资格或者没有依据等重大且明显违法情形，申请人申请确认行政行为无效的，行政复议机关确认该行政行为无效。

第六十八条　维持行政行为

行政行为认定事实清楚，证据确凿，适用依据正确，程序合法，内容适当的，行政复议机关决定维持该行政行为。

● 条文注释

关于复议维持原行政行为的行政诉讼被告、管辖如何确定，《最高人民法院关于适用〈中华人民共和国行政诉讼法〉的解释》第134条规定，复议机关决定维持原行政行为的，作出原行政行为的行政机关和复议机关是共同被告。原告只起诉作出原行政行为的行政机关或者复议机关的，人民法院应当告知原告追加被告。原告不同意追加的，人民法院应当将另一机关列为共同被告。行政复议决定既有维持原行政行为内容，又有改变原行政行为内容或者不予受理申请内容的，作出原行政行为的行政机关和复议机关为共同被告。复议机关作共同被告的案件，以作出原行政行为的行政机关确定案件的级别管辖。

关于复议维持原行政行为的行政诉讼案件如何审理，《最高人民法院关于适用〈中华人民共和国行政诉讼法〉的解释》第 135 条规定，复议机关决定维持原行政行为的，人民法院应当在审查原行政行为合法性的同时，一并审查复议决定的合法性。作出原行政行为的行政机关和复议机关对原行政行为合法性共同承担举证责任，可以由其中一个机关实施举证行为。复议机关对复议决定的合法性承担举证责任。复议机关作共同被告的案件，复议机关在复议程序中依法收集和补充的证据，可以作为人民法院认定复议决定和原行政行为合法的依据。

● **典型案例**

1. **丹东某气体有限公司诉辽宁省市场监督管理局行政处罚及国家市场监督管理总局行政复议案**（人民法院助力全国统一大市场建设典型案例[①]之九）

2018 年 4 月 11 日，辽宁省市场监督管理局对丹东某气体有限公司（以下简称某公司）作出《行政处罚决定书》，认定该公司于 2017 年 7 月 29 日参加了丹东市另一气体有限公司组织的聚会，与会气体企业对《丹东市气体行业协会市场销售标准》进行了讨论，就 40 升瓶装工业氧气市场销售价格达成一致意见。自 2017 年 8 月 2 日开始，该公司采取下发《调价通知单》、销售人员直接告知等形式，通知客户调整 40 升瓶装工业氧气价格，实施相关产品的串通价格。相关 10 家气体企业通过相互价格串通，在丹东市所辖振安区、振兴区、元宝区、东港市范围内共同操纵了 40 升瓶装工业氧气的市场销售价格，造成相关地域工业氧气价格普遍上涨。该公司的行为违反了《中华人民共和国价格法》第十四条的规定，故责令该公司立即改正上述价格

---

① 《人民法院助力全国统一大市场建设典型案例》，载最高人民法院网站，https：//www.court.gov.cn/zixun/xiangqing/367331.html，最后访问时间：2023 年 7 月 19 日。

违法行为,并决定罚款 12 万元。该公司不服,向国家市场监督管理总局申请行政复议。2018 年 7 月 26 日,国家市场监督管理总局作出《行政复议决定书》,维持上述处罚决定。该公司提起诉讼,请求撤销上述行政处罚决定及行政复议决定。

人民法院生效判决认为,依照《中华人民共和国价格法》第六条、第七条、第八条及第十四条第一项的规定,除适用政府指导价或者政府定价外,经营者对其所经营的商品具有自主定价权。经营者自主定价,应当遵循公平、合法和诚实信用原则,以生产经营成本及市场供求状况为据进行。不得相互串通,操纵市场价格,损害其他经营者或者消费者的合法权益。本案中,某公司参加了丹东市另一气体有限公司组织的聚会,与会企业讨论涉案气体产品价格并形成一致意见、会后上调涉案气体产品价格等事实存在。该公司与其他 9 家气体企业串通,导致当地涉案气体产品价格普遍上涨。该公司的行为违反了《中华人民共和国价格法》第十四条第一项的规定,依法应予处罚。辽宁省市场监督管理局作出的行政处罚决定及国家市场监督管理总局作出的行政复议决定认定事实清楚、适用法律正确、程序合法,故判决驳回某公司的诉讼请求。

本案系人民法院依法支持市场监管部门强化统一市场监管执法的典型案例。涉案气体易燃易爆,具有危化属性,需危险货物专用车辆运输,且需办理多项行政审批手续,经营者数量有限、市场进入壁垒高及本地化特征明显。当地的涉案气体产品经营者数量有限。某公司与其他 9 家气体企业实施价格串通,直接导致当地涉案气体产品价格普遍上涨,扰乱市场竞争秩序,损害气体用户的合法权益。人民法院在案件办理中,全面查清事实、准确适用法律,依法支持市场监管部门查处垄断及妨碍公平竞争行为,有利于维护市场竞争秩序,促进商品资源要素在统一大市场畅通流动。

2. 某药业有限公司诉广东省原食品药品监督管理局、原国家食品药品监督管理总局行政处罚及行政复议案(最高人民法院药品安全典型案例①之案例四)

广东省中山市原食品药品监督管理局(以下简称中山食药监局)根据原国家食品药品监督管理总局(以下简称国家食药监总局)的线索通告,于2012年4月对某药业有限公司库存的使用浙江省新昌县某胶丸厂等企业生产的空心胶囊所产胶囊剂药品进行查封和现场抽样并检验,发现5个品种共7批次胶囊剂药品检验项目中铬含量超过国家标准。中山食药监局责令某药业有限公司提供从胶囊生产企业购进药用空心胶囊的供货方资料、销售流向统计表等资料,但该公司仅提供了部分药品销售流向表,未提供完整会计账册,且提供的药品销售情况与事实不符。后中山食药监局以某药业有限公司生产的部分药品铬含量超标,属劣药,且该公司存在拒绝、逃避监督检查和隐匿有关证据材料等从重处罚情节为由,决定给予其没收劣药、没收违法所得并罚款的行政处罚,该处罚已由人民法院生效判决予以确认。后中山食药监局认为某药业有限公司生产劣药情节严重,向广东省原食品药品监督管理局(以下简称广东省食药监局)提请吊销某药业有限公司的药品生产许可证。广东省食药监局经听证、集体讨论等程序,于2015年6月8日给予某药业有限公司吊销药品生产许可证的行政处罚。某药业有限公司不服,向国家食药监总局申请行政复议。国家食药监总局经行政复议维持了该行政处罚。某药业有限公司仍不服,提起本案行政诉讼,请求撤销行政处罚决定和行政复议决定。

---

① 《最高人民法院药品安全典型案例》,载最高人民法院网站,https://www.court.gov.cn/zixun-xiangqing-357261.html,最后访问时间:2023年7月19日。

法院经审理认为，生效判决已认定某药业有限公司存在生产销售劣药的违法行为，且在中山食药监局查处该公司生产销售劣药过程中，该公司存在拒绝、逃避检查等行为，属于情节严重的违法行为，依法应当在法定幅度内从重处罚，广东省食药监局作出吊销药品生产许可证的行政处罚于法有据。国家食药监总局作出的行政复议决定亦无程序违法之处。一审法院于 2016 年 11 月判决驳回某药业有限公司的诉讼请求。二审法院于 2017 年 3 月判决驳回上诉，维持一审判决。

某药业有限公司仍不服，向最高人民法院申请再审。最高人民法院经审查认为，某药业有限公司未尽质量检验法定义务，生产的 5 个品种共 7 个批次的胶囊剂药品，经检测铬含量超过国家标准，属于劣药；且在广东食药监局监督检查过程中，存在拒不提供销售客户汇总表、未及时完整提供销售药品的账册和清单、召回已销售药品与实际销售情况不一致等拒绝、逃避监督检查行为，属于情节严重、应当予以从重处罚的情形。广东省食药监局依法作出吊证处罚，国家食药监总局经复议予以维持，程序合法。于 2018 年 7 月裁定驳回其再审申请。

药品安全涉及人民群众的生命安全和身体健康，必须实施严格监管，防范杜绝假药、劣药对人民群众生命健康造成损害。食品药品监督管理部门对生产销售假药、劣药的违法行为依法查处，可以在严格把握行政处罚从重情节的基础上，吊销企业的药品生产行政许可，切断危害人民群众生命健康的假药、劣药生产销售链条。人民法院对食品药品监督管理部门依法维护药品安全、保护人民群众生命健康的执法行为，依法予以支持。通过行政机关的积极监管和司法机关的依法审查，共同构筑起惩处危害药品安全违法行为、保护人民群众生命健康的有效屏障。本案中，某药业有限公司不但存在生产、销售劣药的违法行为，而且在行政执法检查过程中，存在拒不配合执法检查的行为，造成已流向市场的劣药无法全部召回，可能给使用该批药品的病人身体健康造成不良影响。广东省食药监局认定某药业有限公司的违法行为属于情节严重之情形，在没收该公司生产的劣药、没收违法所得并给予罚款的同时，另处吊销其药品生产行政许可的行政处罚，合法合理。本案本着坚持合法性审查、尊重行政机关行政裁量的原则，依法驳回某药业有限公司的诉讼请求，彰显了严厉查处危害药品安全的违法行为和维护人民群众合法权益的裁判理念。

3. 某药业有限公司诉山东省济南市原食品药品监督管理局、山东省原食品药品监督管理局行政处罚及行政复议案（最高人民法院药品安全典型案例①之案例五）

2011年8月，山东省济南市原食品药品监督管理局（以下简称济南市药监局）根据举报对某药业有限公司进行立案调查，并对其库存的盐酸苯海索片进行部分查封和抽检。经查，自2010年1月至2011年8月，某药业公司未按照批准的生产工艺生产原料药盐酸苯海索，而是通过无药品生产或经营资质的其他公司购进盐酸苯海索粗品，经精制后制成原料药盐酸苯海索，共计1360公斤。2010年1月至2011年6月，该公司对外销售上述原料药盐酸苯海索1010公斤，销售金额为370万元。某药业公司对外购进盐酸苯海索粗品再精制为原料药成品，其行为改变了生产工艺。济南市药监局经立案调查后，于2015年5月作出行政处罚决定，没收违法生产的盐酸苯海索29.17公斤和违法所得370万元，处违法生产、销售劣药货值金额（4982169.6元）一倍的罚款4982169.6元（罚没款合计8682169.6元），并责令某药

---

① 《最高人民法院药品安全典型案例》，载最高人民法院网站，https://www.court.gov.cn/zixun-xiangqing-357261.html，最后访问时间：2023年7月19日。

业公司改正该违法行为。某药业公司不服，申请行政复议。山东省原食品药品监督管理局（以下简称山东省食药监局）于 2015 年 8 月作出行政复议决定，维持了上述处罚决定。某药业公司不服，提起本案行政诉讼，请求撤销上述行政处罚决定和行政复议决定。

法院经审理认为，某药业公司未按照批准的生产工艺生产原料药盐酸苯海索，而是通过无药品生产或经营资质的其他公司购进盐酸苯海索粗品，经精制后制成原料药盐酸苯海索。原料药属于药品的范畴，某药业公司对外购进盐酸苯海索粗品再精制为原料药成品，改变了其生产工艺，依照《中华人民共和国药品管理法》相关规定，应按劣药论处。济南市药监局依据该法，作出行政处罚决定，认定事实清楚，适用法律正确，程序合法，处罚适当。山东省食药监局作出的复议决定认定事实清楚，适用法律正确，程序合法。一审法院于 2016 年 2 月判决驳回某药业公司的诉讼请求。二审法院于 2016 年 9 月判决驳回上诉，维持一审判决。某药业公司不服一、二审判决，申请再审。山东省高级人民法院于 2017 年 6 月裁定驳回某药业公司的再审申请。

本案系人民法院依法支持药品监督管理部门从严查处违法生产销售劣药的典型案例。除中药饮片的炮制外，药品必须按照国家药品标准和国务院药品监督管理部门批准的生产工艺进行生产，生产记录必须完整准确。药品生产企业改变影响药品质量的生产工艺的，必须报原批准部门审核批准。本案中，某药业公司对其生产的盐酸苯海索原料药进行药品再注册并已经通过审批，应严格按照其申报的生产工艺进行生产。通过某药业公司所提交的《协议》《合作协议》等材料，可以证实该公司通过向其他企业购买原料药粗品，再自行精制为原料药成品的行为，并未向相关药品监督管理部门申请批准，该行为违反了《中华人民共和国药品管理法》的规定。

4. 周某诉江西省某市政府、某区政府房屋征收决定、补偿决定及行政复议检察监督案["检察为民办实事" ——行政检察与民同行系列典型案例（第十批）① 之案例二]

2017年10月，江西省某市某区人民政府作出房屋征收决定公告，决定对某片区城中村改造项目内居民房屋实施征收，周某（1937年1月出生）的房屋在征收范围内。2018年7月，某房地产价格评估公司评估认定案涉房屋价值为142万余元。周某对评估结果、复核结果不服，申请专家委员会鉴定。同年11月22日，区政府作出房屋征收补偿决定。12月28日，某市房地产价格评估专家委员会出具说明，维持案涉房屋价值估价报告。周某不服案涉征收补偿决定向某市人民政府申请行政复议，市政府作出复议决定，维持房屋征收补偿决定。

周某不服，先后起诉至某市中级人民法院，请求撤销房屋征收补偿决定及行政复议决定，请求撤销房屋征收决定；判令区政府赔偿经济损失23万余元，精神损失费5万元；责令区政府恢复房屋通水、通电及道路通行，修复被损坏的给水排水供电道路和房屋的窗户、院门及场地。关于房屋征收补偿决定及行政复议决定纠纷案，某市中级人民法院认为，区政府采信房屋估价报告于2018年11月22日作出房屋征收补偿决定，存在程序不当，但对被征收人实体权益不产生实际影响；征收补偿决定认定事实清楚、适用法律正确；行政复议决定书适用法律规定正确、符合法定程序，判决驳回周某的诉讼请求。关于房屋征收决定纠纷案，某市中级人民法院认为周某的起诉超过起诉期

---

① 《"检察为民办实事"——行政检察与民同行系列典型案例（第十批）》，载最高人民检察院网站，https://www.spp.gov.cn/xwfbh/wsfbt/202212/t20221209_595017.shtml#2，最后访问时间：2023年7月19日。

限，裁定不予立案。

周某对法院的判决、裁定均不服，上诉、申请再审被驳回。后分别就两案向江西省人民检察院申请监督。江西省人民检察院依法受理后，调取原审案卷材料，对法院的审判活动进行全面审查；询问当事人，听取当事人意见。经审查认为，房屋征收补偿决定及行政复议决定纠纷案中，区政府在专家委员会鉴定意见尚未出具前作出房屋征收补偿决定确有不当，但未对周某实体权利造成影响；案涉征收补偿决定对周某的被征收房屋价值、搬迁、临时安置等予以了补偿，提供了货币补偿和产权置换两种方式，内容符合法律规定。房屋征收决定纠纷案中，周某于2019年5月提起诉讼已超过法定起诉期限。虽然法院判决和裁定并无明显错误，但区政府补偿决定确有不当之处。

检察机关调查了解到周某已85岁高龄，退休后自建房屋用以安度晚年，案涉房屋被强制拆除后至今在外租房居住；因周某未选择补偿安置方式，区政府已按货币补偿方式将补偿款存入周某账户，但周某未激活该账户；周某认为征收系为了商业开发，现补偿价格过低，且对未产权登记房屋按重置价格予以补偿不合法。检察机关找准症结，有针对性开展释法说理。办案人员三次到申请人所在地组织双方现场调解。针对区政府在专家委员会鉴定意见出具前作出房屋补偿决定的不当行为，引导其当面致歉消除周某怨气；促使周某认可了原补偿标准并放弃精神损失赔偿的不合理要求，双方同意在申请人对装修评估遗漏部分、强制拆除造成的财产损失提供证据后由征收部门核实认定。经持续跟进协调，周某认可补偿决定中安置费用起算时间，对无法提供财产损失证据的部分放弃了赔偿主张，区政府对装修遗漏部分复评后相应增加了装修补偿款。周某与区政府达成和解，主动撤回监督申请。

● **相关规定**

《最高人民法院关于适用〈中华人民共和国行政诉讼法〉的解释》第134~135条

第六十九条 驳回复议请求

行政复议机关受理申请人认为被申请人不履行法定职责的行政复议申请后,发现被申请人没有相应法定职责或者在受理前已经履行法定职责的,决定驳回申请人的行政复议请求。

第七十条 被申请人不提交书面答复等情形的处理

被申请人不按照本法第四十八条、第五十四条的规定提出书面答复、提交作出行政行为的证据、依据和其他有关材料的,视为该行政行为没有证据、依据,行政复议机关决定撤销、部分撤销该行政行为,确认该行政行为违法、无效或者决定被申请人在一定期限内履行,但是行政行为涉及第三人合法权益,第三人提供证据的除外。

第七十一条 行政协议案件处理

被申请人不依法订立、不依法履行、未按照约定履行或者违法变更、解除行政协议的,行政复议机关决定被申请人承担依法订立、继续履行、采取补救措施或者赔偿损失等责任。

被申请人变更、解除行政协议合法,但是未依法给予补偿或者补偿不合理的,行政复议机关决定被申请人依法给予合理补偿。

● *实用问答*

问：什么是行政协议？

答：《最高人民法院关于审理行政协议案件若干问题的规定》第1条规定："行政机关为了实现行政管理或者公共服务目标，与公民、法人或者其他组织协商订立的具有行政法上权利义务内容的协议，属于行政诉讼法第十二条第一款第十一项规定的行政协议。"

● *相关规定*

《中华人民共和国行政诉讼法》第12条；《最高人民法院关于审理行政协议案件若干问题的规定》

第七十二条　行政复议期间赔偿请求的处理

申请人在申请行政复议时一并提出行政赔偿请求，行政复议机关对依照《中华人民共和国国家赔偿法》的有关规定应当不予赔偿的，在作出行政复议决定时，应当同时决定驳回行政赔偿请求；对符合《中华人民共和国国家赔偿法》的有关规定应当给予赔偿的，在决定撤销或者部分撤销、变更行政行为或者确认行政行为违法、无效时，应当同时决定被申请人依法给予赔偿；确认行政行为违法的，还可以同时责令被申请人采取补救措施。

申请人在申请行政复议时没有提出行政赔偿请求的，行政复议机关在依法决定撤销或者部分撤销、变更罚款，撤销或者部分撤销违法集资、没收财物、征收征用、摊派费用以及对财产的查封、扣押、冻结等行政行为时，应当同时责令被申请人返还财产，解除对财产的查封、扣押、冻结措施，或者赔偿相应的价款。

● **条文注释**

关于行政赔偿的范围,《中华人民共和国国家赔偿法》第 3 条规定:"行政机关及其工作人员在行使行政职权时有下列侵犯人身权情形之一的,受害人有取得赔偿的权利:(一)违法拘留或者违法采取限制公民人身自由的行政强制措施的;(二)非法拘禁或者以其他方法非法剥夺公民人身自由的;(三)以殴打、虐待等行为或者唆使、放纵他人以殴打、虐待等行为造成公民身体伤害或者死亡的;(四)违法使用武器、警械造成公民身体伤害或者死亡的;(五)造成公民身体伤害或者死亡的其他违法行为。"第 4 条规定:"行政机关及其工作人员在行使行政职权时有下列侵犯财产权情形之一的,受害人有取得赔偿的权利:(一)违法实施罚款、吊销许可证和执照、责令停产停业、没收财物等行政处罚的;(二)违法对财产采取查封、扣押、冻结等行政强制措施的;(三)违法征收、征用财产的;(四)造成财产损害的其他违法行为。"

此外,需要注意不属于国家赔偿范围的事项。《中华人民共和国国家赔偿法》第 5 条规定:"属于下列情形之一的,国家不承担赔偿责任:(一)行政机关工作人员与行使职权无关的个人行为;(二)因公民、法人和其他组织自己的行为致使损害发生的;(三)法律规定的其他情形。"

● **典型案例**

夏某英诉山东省威海市人民政府行政复议再审案(《最高人民法院公报》2020 年第 12 期)

若行政复议机关对被申请复议的行政行为的处理,和对一并提出的行政赔偿请求的处理,载于同一行政复议决定中,彼此可分,公民、法人或其他组织仅就行政复议决定中有关行政赔偿请求的处理提出起诉，人民法院应遵循不告不理原则，不就行政复议决定中有关行政行为的处理进行审理和裁判。

● *相关规定*

《中华人民共和国国家赔偿法》第 3~5 条

第七十三条　行政复议调解处理

当事人经调解达成协议的，行政复议机关应当制作行政复议调解书，经各方当事人签字或者签章，并加盖行政复议机关印章，即具有法律效力。

调解未达成协议或者调解书生效前一方反悔的，行政复议机关应当依法审查或者及时作出行政复议决定。

● *典型案例*

张某与黑龙江省某市人民政府行政复议调解检察监督案（2020年度十大行政检察典型案例[①]之5）

2008 年 5 月 7 日 15 时许，某市某煤矿职工张某驾驶摩托车在下班途中，与四轮拖拉机相撞受伤，拖拉机驾驶员逃逸。2008 年 7 月 14 日至 2009 年 9 月 27 日，张某与某煤矿工伤认定争议，经过某市劳动和社会保障局三次决定和某市人民政府三次行政复议，均未得到最终处理。2009 年 9 月 27 日，某市人民政府组织争议双方进行行政复议调解，并作出《行政复议调解书》。后，张某起诉至人民法院，请求人民法院撤销某市人民政府作出的行政复议调解书，请求认定张某系工伤并享受工伤保险待遇，某市中级人民法院、黑龙江省高级人民法

---

① 《2020 年度十大行政检察典型案例》，载最高人民检察院网站，https：//www.spp.gov.cn/xwfbh/wsfbh/202101/t20210128_507972.shtml，最后访问时间：2023 年 7 月 18 日。

院、最高人民法院均以其起诉不属于行政诉讼的受案范围，且已经超过法定起诉期限为由，未予支持。2018年1月8日，张某向检察机关申请监督，最高人民检察院认为该案符合实质性化解条件，遂交黑龙江省人民检察院、鹤岗市人民检察院做好争议化解工作。

　　黑龙江省人民检察院和鹤岗市人民检察经审查后认为：《中华人民共和国行政复议法实施条例》第五十条规定，"有下列情形之一的，行政复议机关可以按照自愿、合法的原则进行调解：（一）公民、法人或者其他组织对行政机关行使法律、法规规定的自由裁量权作出的具体行政行为不服申请行政复议的；（二）当事人之间的行政赔偿或者行政补偿纠纷"。某市人民政府作出的行政复议调解并非针对行政机关行使自由裁量权作出的具体行政行为，同时，双方争议也非行政赔偿或者行政补偿纠纷，某市人民政府作出行政复议调解违反《中华人民共和国行政复议法实施条例》的规定，鹤岗市人民检察院于2020年8月18日向某市人民政府提出检察建议，建议市人民政府撤销行政复议调解书。2020年8月21日，市人民政府决定撤销该调解书，并责令人力资源和社会保障部门重新作出具体行政行为。2020年10月22日，某市人力资源和社会保障部门作出决定，认定张某为工伤。经最高人民检察院、黑龙江省院、鹤岗市院三级检察院联动化解，张某最终获得了一次性工伤赔偿金10万元，2020年12月2日，检察机关举行行政争议实质性化解检察宣告，这起12年的行政争议终得解决。

第七十四条　行政复议和解处理

　　当事人在行政复议决定作出前可以自愿达成和解，和解内容不得损害国家利益、社会公共利益和他人合法权益，不得违反法律、法规的强制性规定。

当事人达成和解后，由申请人向行政复议机构撤回行政复议申请。行政复议机构准予撤回行政复议申请、行政复议机关决定终止行政复议的，申请人不得再以同一事实和理由提出行政复议申请。但是，申请人能够证明撤回行政复议申请违背其真实意愿的除外。

第七十五条 行政复议决定书

行政复议机关作出行政复议决定，应当制作行政复议决定书，并加盖行政复议机关印章。

行政复议决定书一经送达，即发生法律效力。

第七十六条 行政复议意见书

行政复议机关在办理行政复议案件过程中，发现被申请人或者其他下级行政机关的有关行政行为违法或者不当的，可以向其制发行政复议意见书。有关机关应当自收到行政复议意见书之日起六十日内，将纠正相关违法或者不当行政行为的情况报送行政复议机关。

第七十七条 复议文书的履行及不履行的后果

被申请人应当履行行政复议决定书、调解书、意见书。

被申请人不履行或者无正当理由拖延履行行政复议决定书、调解书、意见书的，行政复议机关或者有关上级行政机关应当责令其限期履行，并可以约谈被申请人的有关负责人或者予以通报批评。

第七十八条　行政复议决定书、调解书的强制执行

申请人、第三人逾期不起诉又不履行行政复议决定书、调解书的，或者不履行最终裁决的行政复议决定的，按照下列规定分别处理：

（一）维持行政行为的行政复议决定书，由作出行政行为的行政机关依法强制执行，或者申请人民法院强制执行；

（二）变更行政行为的行政复议决定书，由行政复议机关依法强制执行，或者申请人民法院强制执行；

（三）行政复议调解书，由行政复议机关依法强制执行，或者申请人民法院强制执行。

第七十九条　行政复议决定书公开和文书抄告

行政复议机关根据被申请行政复议的行政行为的公开情况，按照国家有关规定将行政复议决定书向社会公开。

县级以上地方各级人民政府办理以本级人民政府工作部门为被申请人的行政复议案件，应当将发生法律效力的行政复议决定书、意见书同时抄告被申请人的上一级主管部门。

第六章　法律责任

第八十条　行政复议机关不依法履职的法律责任

行政复议机关不依照本法规定履行行政复议职责，对负有责任的领导人员和直接责任人员依法给予警告、记过、记大过的处分；经有权监督的机关督促仍不改正或者造成严重后果的，依法给予降级、撤职、开除的处分。

● *相关规定*

《中华人民共和国公务员法》第 59~64 条；《中华人民共和国公职人员政务处分法》

第八十一条　行政复议机关工作人员法律责任

行政复议机关工作人员在行政复议活动中，徇私舞弊或者有其他渎职、失职行为的，依法给予警告、记过、记大过的处分；情节严重的，依法给予降级、撤职、开除的处分；构成犯罪的，依法追究刑事责任。

● *相关规定*

《中华人民共和国刑法》分则第九章

第八十二条　被申请人不书面答复等行为的法律责任

被申请人违反本法规定，不提出书面答复或者不提交作出行政行为的证据、依据和其他有关材料，或者阻挠、变相阻挠公民、法人或者其他组织依法申请行政复议的，对负有责任的领导人员和直接责任人员依法给予警告、记过、记大过的处分；进行报复陷害的，依法给予降级、撤职、开除的处分；构成犯罪的，依法追究刑事责任。

● *相关规定*

《中华人民共和国刑法》第 254 条

第八十三条 被申请人不履行有关文书的法律责任

被申请人不履行或者无正当理由拖延履行行政复议决定书、调解书、意见书的，对负有责任的领导人员和直接责任人员依法给予警告、记过、记大过的处分；经责令履行仍拒不履行的，依法给予降级、撤职、开除的处分。

第八十四条 拒绝、阻挠调查取证等行为的法律责任

拒绝、阻挠行政复议人员调查取证，故意扰乱行政复议工作秩序的，依法给予处分、治安管理处罚；构成犯罪的，依法追究刑事责任。

第八十五条 违法事实材料移送

行政机关及其工作人员违反本法规定的，行政复议机关可以向监察机关或者公职人员任免机关、单位移送有关人员违法的事实材料，接受移送的监察机关或者公职人员任免机关、单位应当依法处理。

● *相关规定*

《中华人民共和国监察法》；《中华人民共和国监察法实施条例》

第八十六条 职务违法犯罪线索移送

行政复议机关在办理行政复议案件过程中，发现公职人员涉嫌贪污贿赂、失职渎职等职务违法或者职务犯罪的问题线索，应当依照有关规定移送监察机关，由监察机关依法调查处置。

第七章　附　　则

第八十七条　受理申请不收费

行政复议机关受理行政复议申请，不得向申请人收取任何费用。

第八十八条　期间计算和文书送达

行政复议期间的计算和行政复议文书的送达，本法没有规定的，依照《中华人民共和国民事诉讼法》关于期间、送达的规定执行。

本法关于行政复议期间有关"三日"、"五日"、"七日"、"十日"的规定是指工作日，不含法定休假日。

● *典型案例*

糜某诉浙江省某市住房和城乡建设局、某市人民政府信息公开及行政复议检察监督案（最高人民检察院检例第 149 号）

2017 年 1 月 11 日，糜某向某市住房和城乡建设局（以下简称市住建局）申请查询位于该市某路段的一间中式平房房地产原始登记凭证。2017 年 2 月 9 日，市住建局作出《政府信息依申请公开告知书》，并向糜某提供其申请公开的房地产所有权证复印件一份。2 月 16 日，糜某向市人民政府申请行政复议。市人民政府认为，除其中一项不属于政府信息公开范围外，市住建局已向糜某提供了其申请公开的信息，在法定期限内履行了职责，遂于 4 月 16 日作出维持原行政行为的行政复议决定书，并按照糜某预留的送达地址某市×苑×幢×室，交由中国邮政速递物流股份有限公司某市分公司（以下简称某邮政公司）专递送达。同年4月18日，某邮政公司投递员因电话联系糜某未果，遂将该邮件交由糜某预留送达地址所在小区普通快递代收点某副食品商店代收，并短信告知糜某，但未确认糜某已收到告知短信。因糜某未查看短信中的通知信息，其于同年5月10日才实际收到该邮件。

2017年5月12日，糜某向某市某区人民法院提起行政诉讼，请求撤销市住建局作出的《政府信息依申请公开告知书》和市人民政府作出的《行政复议决定书》。一审法院认为，糜某于2017年4月18日收到行政复议决定，5月12日提起行政诉讼，已超过法定的十五日起诉期限，裁定不予立案。糜某向市中级人民法院提出上诉，二审法院以糜某未提供有效证据证明其因不可抗力或者其他不属于自身原因耽误起诉期限为由，裁定驳回上诉。糜某申请再审，亦被驳回。

案件来源。2018年5月，糜某向检察机关申请监督，称自其实际收到行政复议决定书的日期起算，未超过法定起诉期限。

调查核实。市人民检察院根据糜某反映的情况，在审查案卷的基础上进行调查核实：一是向邮政公司、副食品商店等单位调取收件时间相关证据；二是调查了解糜某是否存在指定代收人等情况。查明：涉案法律文书专递邮件跟踪查询单显示该邮件的处理情况为：2017年4月18日，妥投（他人收），证明糜某本人并未签收该邮件；副食品商店并非糜某的指定代收人，商店经营者钟某也不是糜某的同住成年家属或诉讼代理人，其不具有代收权限；糜某实际收到邮件的日期确为2017年5月10日。

监督意见。市人民检察院经审查认为，法院一、二审行政裁定认定事实错误。第一，在无证据证明副食品商店系糜某的指定代收人或者钟某为糜某的同住成年家属或诉讼代理人的情况下,原审法院认定糜某于2017年4月18日收到涉案行政复议决定书证据不足。邮政公司将复议决定书送达副食品商店,并由该商店签收,不能视为有效送达。第二,钟某及邮政公司出具的相关材料可以证明糜某收到复议决定的时间为2017年5月10日。第三,根据《中华人民共和国行政诉讼法》第四十五条规定,公民、法人或者其他组织不服复议决定向人民法院提起诉讼的起诉期限为收到复议决定书之日起十五日,糜某5月10日实际收到行政复议决定书,其于5月12日向区人民法院起诉,并未超过起诉期限。市人民检察院提请浙江省人民检察院抗诉,2018年12月4日,浙江省人民检察院依法向浙江省高级人民法院提出抗诉。

监督结果。浙江省高级人民法院采纳检察机关抗诉意见,于2019年9月5日依法作出再审行政裁定,撤销原一、二审不予受理裁定,指令区人民法院立案受理。同年10月15日,区人民法院受理该案,经依法审理于2020年4月3日作出一审判决。

类案监督。针对法院对类似案件认定送达标准不统一的问题,市人民检察院通过与市中级人民法院磋商,督促法院进一步明确邮寄送达的审查认定标准,严格把握指定代收的送达认定,防止因送达标准把握不准损害当事人诉讼权利。市中级人民法院出台《关于落实立案登记制和规范送达程序的八项措施》,对文书送达程序予以规范。

市人民检察院在办理本案后,对法律文书专递送达开展专题调研,听取行政机关、人民法院及邮政部门的意见,发现法律文书送达中,邮政公司部分投递员存在将邮件随意交由不具有代收权限的商店、物业公司或农村基层组织代为签收等送达程序不符合规定情形,导致当事人诉讼权利受损。据此,市人民检察院向邮政公司发出检察建议，建议加强对投递人员业务培训，规范法律文书邮件专递业务处理流程，以有效保障当事人诉讼权利。邮政公司收到检察建议后，在检察机关推动下开展专项整改，对全市邮政 115 个网点 1399 名投递人员开展法律文书送达业务培训，同时成立政务邮件特投队伍，落实奖惩制度，改进工作方法，完善流程监督，有效提升了法律文书送达水平。

第八十九条　适用范围补充规定

外国人、无国籍人、外国组织在中华人民共和国境内申请行政复议，适用本法。

第九十条　施行日期

本法自 2024 年 1 月 1 日起施行。

附　录

中华人民共和国行政复议法实施条例

（2007年5月23日国务院第177次常务会议通过　2007年5月29日中华人民共和国国务院令第499号公布　自2007年8月1日起施行）

第一章　总　　则

第一条　为了进一步发挥行政复议制度在解决行政争议、建设法治政府、构建社会主义和谐社会中的作用，根据《中华人民共和国行政复议法》（以下简称行政复议法），制定本条例。

第二条　各级行政复议机关应当认真履行行政复议职责，领导并支持本机关负责法制工作的机构（以下简称行政复议机构）依法办理行政复议事项，并依照有关规定配备、充实、调剂专职行政复议人员，保证行政复议机构的办案能力与工作任务相适应。

第三条　行政复议机构除应当依照行政复议法第三条的规定履行职责外，还应当履行下列职责：

（一）依照行政复议法第十八条的规定转送有关行政复议申请；

（二）办理行政复议法第二十九条规定的行政赔偿等事项；

（三）按照职责权限，督促行政复议申请的受理和行政复议决定的履行；

（四）办理行政复议、行政应诉案件统计和重大行政复议决定备案事项；

（五）办理或者组织办理未经行政复议直接提起行政诉讼的行政应诉事项；

（六）研究行政复议工作中发现的问题，及时向有关机关提出改进建议，重大问题及时向行政复议机关报告。

第四条 专职行政复议人员应当具备与履行行政复议职责相适应的品行、专业知识和业务能力，并取得相应资格。具体办法由国务院法制机构会同国务院有关部门规定。

第二章　行政复议申请

第一节　申　请　人

第五条 依照行政复议法和本条例的规定申请行政复议的公民、法人或者其他组织为申请人。

第六条 合伙企业申请行政复议的，应当以核准登记的企业为申请人，由执行合伙事务的合伙人代表该企业参加行政复议；其他合伙组织申请行政复议的，由合伙人共同申请行政复议。

前款规定以外的不具备法人资格的其他组织申请行政复议的，由该组织的主要负责人代表该组织参加行政复议；没有主要负责人的，由共同推选的其他成员代表该组织参加行政复议。

第七条 股份制企业的股东大会、股东代表大会、董事会认为行政机关作出的具体行政行为侵犯企业合法权益的，可以以企业的名义申请行政复议。

第八条 同一行政复议案件申请人超过 5 人的,推选 1 至 5 名代表参加行政复议。

第九条 行政复议期间,行政复议机构认为申请人以外的公民、法人或者其他组织与被审查的具体行政行为有利害关系的,可以通知其作为第三人参加行政复议。

行政复议期间,申请人以外的公民、法人或者其他组织与被审查的具体行政行为有利害关系的,可以向行政复议机构申请作为第三人参加行政复议。

第三人不参加行政复议,不影响行政复议案件的审理。

第十条 申请人、第三人可以委托 1 至 2 名代理人参加行政复议。申请人、第三人委托代理人的,应当向行政复议机构提交授权委托书。授权委托书应当载明委托事项、权限和期限。公民在特殊情况下无法书面委托的,可以口头委托。口头委托的,行政复议机构应当核实并记录在卷。申请人、第三人解除或者变更委托的,应当书面报告行政复议机构。

第二节 被申请人

第十一条 公民、法人或者其他组织对行政机关的具体行政行为不服,依照行政复议法和本条例的规定申请行政复议的,作出该具体行政行为的行政机关为被申请人。

第十二条 行政机关与法律、法规授权的组织以共同的名义作出具体行政行为的,行政机关和法律、法规授权的组织为共同被申请人。

行政机关与其他组织以共同名义作出具体行政行为的,行政机关为被申请人。

第十三条 下级行政机关依照法律、法规、规章规定，经上级行政机关批准作出具体行政行为的，批准机关为被申请人。

第十四条 行政机关设立的派出机构、内设机构或者其他组织，未经法律、法规授权，对外以自己名义作出具体行政行为的，该行政机关为被申请人。

第三节 行政复议申请期限

第十五条 行政复议法第九条第一款规定的行政复议申请期限的计算，依照下列规定办理：

（一）当场作出具体行政行为的，自具体行政行为作出之日起计算；

（二）载明具体行政行为的法律文书直接送达的，自受送达人签收之日起计算；

（三）载明具体行政行为的法律文书邮寄送达的，自受送达人在邮件签收单上签收之日起计算；没有邮件签收单的，自受送达人在送达回执上签名之日起计算；

（四）具体行政行为依法通过公告形式告知受送达人的，自公告规定的期限届满之日起计算；

（五）行政机关作出具体行政行为时未告知公民、法人或者其他组织，事后补充告知的，自该公民、法人或者其他组织收到行政机关补充告知的通知之日起计算；

（六）被申请人能够证明公民、法人或者其他组织知道具体行政行为的，自证据材料证明其知道具体行政行为之日起计算。

行政机关作出具体行政行为，依法应当向有关公民、法人或者其他组织送达法律文书而未送达的，视为该公民、法人或者其他组织不知道该具体行政行为。

第十六条 公民、法人或者其他组织依照行政复议法第六条第（八）项、第（九）项、第（十）项的规定申请行政机关履行法定职责，行政机关未履行的，行政复议申请期限依照下列规定计算：

（一）有履行期限规定的，自履行期限届满之日起计算；

（二）没有履行期限规定的，自行政机关收到申请满60日起计算。

公民、法人或者其他组织在紧急情况下请求行政机关履行保护人身权、财产权的法定职责，行政机关不履行的，行政复议申请期限不受前款规定的限制。

第十七条 行政机关作出的具体行政行为对公民、法人或者其他组织的权利、义务可能产生不利影响的，应当告知其申请行政复议的权利、行政复议机关和行政复议申请期限。

第四节 行政复议申请的提出

第十八条 申请人书面申请行政复议的，可以采取当面递交、邮寄或者传真等方式提出行政复议申请。

有条件的行政复议机构可以接受以电子邮件形式提出的行政复议申请。

第十九条 申请人书面申请行政复议的，应当在行政复议申请书中载明下列事项：

（一）申请人的基本情况，包括：公民的姓名、性别、年龄、身份证号码、工作单位、住所、邮政编码；法人或者其他组织的名称、住所、邮政编码和法定代表人或者主要负责人的姓名、职务；

（二）被申请人的名称；

（三）行政复议请求、申请行政复议的主要事实和理由；

（四）申请人的签名或者盖章；

（五）申请行政复议的日期。

第二十条 申请人口头申请行政复议的，行政复议机构应当依照本条例第十九条规定的事项，当场制作行政复议申请笔录交申请人核对或者向申请人宣读，并由申请人签字确认。

第二十一条 有下列情形之一的，申请人应当提供证明材料：

（一）认为被申请人不履行法定职责的，提供曾经要求被申请人履行法定职责而被申请人未履行的证明材料；

（二）申请行政复议时一并提出行政赔偿请求的，提供受具体行政行为侵害而造成损害的证明材料；

（三）法律、法规规定需要申请人提供证据材料的其他情形。

第二十二条 申请人提出行政复议申请时错列被申请人的，行政复议机构应当告知申请人变更被申请人。

第二十三条 申请人对两个以上国务院部门共同作出的具体行政行为不服的，依照行政复议法第十四条的规定，可以向其中任何一个国务院部门提出行政复议申请，由作出具体行政行为的国务院部门共同作出行政复议决定。

第二十四条 申请人对经国务院批准实行省以下垂直领导的部门作出的具体行政行为不服的，可以选择向该部门的本级人民政府或者上一级主管部门申请行政复议；省、自治区、直辖市另有规定的，依照省、自治区、直辖市的规定办理。

第二十五条 申请人依照行政复议法第三十条第二款的规定申请行政复议的，应当向省、自治区、直辖市人民政府提出行政复议申请。

第二十六条 依照行政复议法第七条的规定，申请人认为具体行政行为所依据的规定不合法的，可以在对具体行政行为申请行政复议的同时一并提出对该规定的审查申请；申请人在对具体行政行为提出行政复议申请时尚不知道该具体行政行为所依据的规定的，可以在行政复议机关作出行政复议决定前向行政复议机关提出对该规定的审查申请。

第三章　行政复议受理

第二十七条　公民、法人或者其他组织认为行政机关的具体行政行为侵犯其合法权益提出行政复议申请，除不符合行政复议法和本条例规定的申请条件的，行政复议机关必须受理。

第二十八条　行政复议申请符合下列规定的，应当予以受理：

（一）有明确的申请人和符合规定的被申请人；

（二）申请人与具体行政行为有利害关系；

（三）有具体的行政复议请求和理由；

（四）在法定申请期限内提出；

（五）属于行政复议法规定的行政复议范围；

（六）属于收到行政复议申请的行政复议机构的职责范围；

（七）其他行政复议机关尚未受理同一行政复议申请，人民法院尚未受理同一主体就同一事实提起的行政诉讼。

第二十九条　行政复议申请材料不齐全或者表述不清楚的，行政复议机构可以自收到该行政复议申请之日起5日内书面通知申请人补正。补正通知应当载明需要补正的事项和合理的补正期限。无正当理由逾期不补正的，视为申请人放弃行政复议申请。补正申请材料所用时间不计入行政复议审理期限。

第三十条　申请人就同一事项向两个或者两个以上有权受理的行政机关申请行政复议的，由最先收到行政复议申请的行政机关受理；同时收到行政复议申请的，由收到行政复议申请的行政机关在10日内协商确定；协商不成的，由其共同上一级行政机关在10日内指定受理机关。协商确定或者指定受理机关所用时间不计入行政复议审理期限。

第三十一条　依照行政复议法第二十条的规定，上级行政机关认为行政复议机关不予受理行政复议申请的理由不成立的，可以先行督促其受理；经督促仍不受理的，应当责令其限期受理，必要时也可以直接受理；认为行政复议申请不符合法定受理条件的，应当告知申请人。

第四章　行政复议决定

第三十二条　行政复议机构审理行政复议案件，应当由2名以上行政复议人员参加。

第三十三条　行政复议机构认为必要时，可以实地调查核实证据；对重大、复杂的案件，申请人提出要求或者行政复议机构认为必要时，可以采取听证的方式审理。

第三十四条　行政复议人员向有关组织和人员调查取证时，可以查阅、复制、调取有关文件和资料，向有关人员进行询问。

调查取证时，行政复议人员不得少于2人，并应当向当事人或者有关人员出示证件。被调查单位和人员应当配合行政复议人员的工作，不得拒绝或者阻挠。

需要现场勘验的，现场勘验所用时间不计入行政复议审理期限。

第三十五条　行政复议机关应当为申请人、第三人查阅有关材料提供必要条件。

第三十六条　依照行政复议法第十四条的规定申请原级行政复议的案件，由原承办具体行政行为有关事项的部门或者机构提出书面答复，并提交作出具体行政行为的证据、依据和其他有关材料。

第三十七条　行政复议期间涉及专门事项需要鉴定的，当事人可以自行委托鉴定机构进行鉴定，也可以申请行政复议机构委托鉴定机构进行鉴定。鉴定费用由当事人承担。鉴定所用时间不计入行政复议审理期限。

第三十八条　申请人在行政复议决定作出前自愿撤回行政复议申请的，经行政复议机构同意，可以撤回。

申请人撤回行政复议申请的，不得再以同一事实和理由提出行政复议申请。但是，申请人能够证明撤回行政复议申请违背其真实意思表示的除外。

第三十九条　行政复议期间被申请人改变原具体行政行为的，不影响行政复议案件的审理。但是，申请人依法撤回行政复议申请的除外。

第四十条　公民、法人或者其他组织对行政机关行使法律、法规规定的自由裁量权作出的具体行政行为不服申请行政复议，申请人与被申请人在行政复议决定作出前自愿达成和解的，应当向行政复议机构提交书面和解协议；和解内容不损害社会公共利益和他人合法权益的，行政复议机关应当准许。

第四十一条　行政复议期间有下列情形之一，影响行政复议案件审理的，行政复议中止：

（一）作为申请人的自然人死亡，其近亲属尚未确定是否参加行政复议的；

（二）作为申请人的自然人丧失参加行政复议的能力，尚未确定法定代理人参加行政复议的；

（三）作为申请人的法人或者其他组织终止，尚未确定权利义务承受人的；

（四）作为申请人的自然人下落不明或者被宣告失踪的；

（五）申请人、被申请人因不可抗力，不能参加行政复议的；

（六）案件涉及法律适用问题，需要有权机关作出解释或者确认的；

（七）案件审理需要以其他案件的审理结果为依据，而其他案件尚未审结的；

（八）其他需要中止行政复议的情形。

行政复议中止的原因消除后，应当及时恢复行政复议案件的审理。

行政复议机构中止、恢复行政复议案件的审理，应当告知有关当事人。

第四十二条 行政复议期间有下列情形之一的，行政复议终止：

（一）申请人要求撤回行政复议申请，行政复议机构准予撤回的；

（二）作为申请人的自然人死亡，没有近亲属或者其近亲属放弃行政复议权利的；

（三）作为申请人的法人或者其他组织终止，其权利义务的承受人放弃行政复议权利的；

（四）申请人与被申请人依照本条例第四十条的规定，经行政复议机构准许达成和解的；

（五）申请人对行政拘留或者限制人身自由的行政强制措施不服

申请行政复议后，因申请人同一违法行为涉嫌犯罪，该行政拘留或者限制人身自由的行政强制措施变更为刑事拘留的。

依照本条例第四十一条第一款第（一）项、第（二）项、第（三）项规定中止行政复议，满 60 日行政复议中止的原因仍未消除的，行政复议终止。

第四十三条 依照行政复议法第二十八条第一款第（一）项规定，具体行政行为认定事实清楚，证据确凿，适用依据正确，程序合法，内容适当的，行政复议机关应当决定维持。

第四十四条 依照行政复议法第二十八条第一款第（二）项规定，被申请人不履行法定职责的，行政复议机关应当决定其在一定期限内履行法定职责。

第四十五条 具体行政行为有行政复议法第二十八条第一款第（三）项规定情形之一的，行政复议机关应当决定撤销、变更该具体行政行为或者确认该具体行政行为违法；决定撤销该具体行政行为或者确认该具体行政行为违法的，可以责令被申请人在一定期限内重新作出具体行政行为。

第四十六条 被申请人未依照行政复议法第二十三条的规定提出书面答复、提交当初作出具体行政行为的证据、依据和其他有关材料的，视为该具体行政行为没有证据、依据，行政复议机关应当决定撤销该具体行政行为。

第四十七条 具体行政行为有下列情形之一，行政复议机关可以决定变更：

（一）认定事实清楚，证据确凿，程序合法，但是明显不当或者适用依据错误的；

（二）认定事实不清，证据不足，但是经行政复议机关审理查明事实清楚，证据确凿的。

第四十八条 有下列情形之一的，行政复议机关应当决定驳回行政复议申请：

（一）申请人认为行政机关不履行法定职责申请行政复议，行政复议机关受理后发现该行政机关没有相应法定职责或者在受理前已经履行法定职责的；

（二）受理行政复议申请后，发现该行政复议申请不符合行政复议法和本条例规定的受理条件的。

上级行政机关认为行政复议机关驳回行政复议申请的理由不成立的，应当责令其恢复审理。

第四十九条 行政复议机关依照行政复议法第二十八条的规定责令被申请人重新作出具体行政行为的，被申请人应当在法律、法规、规章规定的期限内重新作出具体行政行为；法律、法规、规章未规定期限的，重新作出具体行政行为的期限为60日。

公民、法人或者其他组织对被申请人重新作出的具体行政行为不服，可以依法申请行政复议或者提起行政诉讼。

第五十条 有下列情形之一的，行政复议机关可以按照自愿、合法的原则进行调解：

（一）公民、法人或者其他组织对行政机关行使法律、法规规定的自由裁量权作出的具体行政行为不服申请行政复议的；

（二）当事人之间的行政赔偿或者行政补偿纠纷。

当事人经调解达成协议的，行政复议机关应当制作行政复议调解书。调解书应当载明行政复议请求、事实、理由和调解结果，并加盖行政复议机关印章。行政复议调解书经双方当事人签字，即具有法律效力。

调解未达成协议或者调解书生效前一方反悔的,行政复议机关应当及时作出行政复议决定。

第五十一条 行政复议机关在申请人的行政复议请求范围内,不得作出对申请人更为不利的行政复议决定。

第五十二条 第三人逾期不起诉又不履行行政复议决定的,依照行政复议法第三十三条的规定处理。

第五章 行政复议指导和监督

第五十三条 行政复议机关应当加强对行政复议工作的领导。

行政复议机构在本级行政复议机关的领导下,按照职责权限对行政复议工作进行督促、指导。

第五十四条 县级以上各级人民政府应当加强对所属工作部门和下级人民政府履行行政复议职责的监督。

行政复议机关应当加强对其行政复议机构履行行政复议职责的监督。

第五十五条 县级以上地方各级人民政府应当建立健全行政复议工作责任制,将行政复议工作纳入本级政府目标责任制。

第五十六条 县级以上地方各级人民政府应当按照职责权限,通过定期组织检查、抽查等方式,对所属工作部门和下级人民政府行政复议工作进行检查,并及时向有关方面反馈检查结果。

第五十七条 行政复议期间行政复议机关发现被申请人或者其他下级行政机关的相关行政行为违法或者需要做好善后工作的,可以制作行政复议意见书。有关机关应当自收到行政复议意见书之日起60日内将纠正相关行政违法行为或者做好善后工作的情况通报行政复议机构。

行政复议期间行政复议机构发现法律、法规、规章实施中带有普遍性的问题，可以制作行政复议建议书，向有关机关提出完善制度和改进行政执法的建议。

第五十八条　县级以上各级人民政府行政复议机构应当定期向本级人民政府提交行政复议工作状况分析报告。

第五十九条　下级行政复议机关应当及时将重大行政复议决定报上级行政复议机关备案。

第六十条　各级行政复议机构应当定期组织对行政复议人员进行业务培训，提高行政复议人员的专业素质。

第六十一条　各级行政复议机关应当定期总结行政复议工作，对在行政复议工作中做出显著成绩的单位和个人，依照有关规定给予表彰和奖励。

第六章　法律责任

第六十二条　被申请人在规定期限内未按照行政复议决定的要求重新作出具体行政行为，或者违反规定重新作出具体行政行为的，依照行政复议法第三十七条的规定追究法律责任。

第六十三条　拒绝或者阻挠行政复议人员调查取证、查阅、复制、调取有关文件和资料的，对有关责任人员依法给予处分或者治安处罚；构成犯罪的，依法追究刑事责任。

第六十四条　行政复议机关或者行政复议机构不履行行政复议法和本条例规定的行政复议职责，经有权监督的行政机关督促仍不改正的，对直接负责的主管人员和其他直接责任人员依法给予警告、记过、记大过的处分；造成严重后果的，依法给予降级、撤职、开除的处分。

第六十五条 行政机关及其工作人员违反行政复议法和本条例规定的，行政复议机构可以向人事、监察部门提出对有关责任人员的处分建议，也可以将有关人员违法的事实材料直接转送人事、监察部门处理；接受转送的人事、监察部门应当依法处理，并将处理结果通报转送的行政复议机构。

第七章　附　　则

第六十六条　本条例自 2007 年 8 月 1 日起施行。

中华人民共和国行政诉讼法

(1989年4月4日第七届全国人民代表大会第二次会议通过 根据2014年11月1日第十二届全国人民代表大会常务委员会第十一次会议《关于修改〈中华人民共和国行政诉讼法〉的决定》第一次修正 根据2017年6月27日第十二届全国人民代表大会常务委员会第二十八次会议《关于修改〈中华人民共和国民事诉讼法〉和〈中华人民共和国行政诉讼法〉的决定》第二次修正)

目　　录

第一章　总　　则
第二章　受案范围
第三章　管　　辖
第四章　诉讼参加人
第五章　证　　据
第六章　起诉和受理
第七章　审理和判决
　第一节　一般规定
　第二节　第一审普通程序
　第三节　简易程序
　第四节　第二审程序
　第五节　审判监督程序
第八章　执　　行

第九章　涉外行政诉讼

第十章　附　　则

第一章　总　　则

第一条　为保证人民法院公正、及时审理行政案件，解决行政争议，保护公民、法人和其他组织的合法权益，监督行政机关依法行使职权，根据宪法，制定本法。

第二条　公民、法人或者其他组织认为行政机关和行政机关工作人员的行政行为侵犯其合法权益，有权依照本法向人民法院提起诉讼。

前款所称行政行为，包括法律、法规、规章授权的组织作出的行政行为。

第三条　人民法院应当保障公民、法人和其他组织的起诉权利，对应当受理的行政案件依法受理。

行政机关及其工作人员不得干预、阻碍人民法院受理行政案件。

被诉行政机关负责人应当出庭应诉。不能出庭的，应当委托行政机关相应的工作人员出庭。

第四条　人民法院依法对行政案件独立行使审判权，不受行政机关、社会团体和个人的干涉。

人民法院设行政审判庭，审理行政案件。

第五条　人民法院审理行政案件，以事实为根据，以法律为准绳。

第六条　人民法院审理行政案件，对行政行为是否合法进行审查。

第七条　人民法院审理行政案件，依法实行合议、回避、公开审判和两审终审制度。

第八条　当事人在行政诉讼中的法律地位平等。

第九条　各民族公民都有用本民族语言、文字进行行政诉讼的权利。

在少数民族聚居或者多民族共同居住的地区，人民法院应当用当地民族通用的语言、文字进行审理和发布法律文书。

人民法院应当对不通晓当地民族通用的语言、文字的诉讼参与人提供翻译。

第十条　当事人在行政诉讼中有权进行辩论。

第十一条　人民检察院有权对行政诉讼实行法律监督。

第二章　受案范围

第十二条　人民法院受理公民、法人或者其他组织提起的下列诉讼：

（一）对行政拘留、暂扣或者吊销许可证和执照、责令停产停业、没收违法所得、没收非法财物、罚款、警告等行政处罚不服的；

（二）对限制人身自由或者对财产的查封、扣押、冻结等行政强制措施和行政强制执行不服的；

（三）申请行政许可，行政机关拒绝或者在法定期限内不予答复，或者对行政机关作出的有关行政许可的其他决定不服的；

（四）对行政机关作出的关于确认土地、矿藏、水流、森林、山岭、草原、荒地、滩涂、海域等自然资源的所有权或者使用权的决定不服的；

（五）对征收、征用决定及其补偿决定不服的；

（六）申请行政机关履行保护人身权、财产权等合法权益的法定职责，行政机关拒绝履行或者不予答复的；

（七）认为行政机关侵犯其经营自主权或者农村土地承包经营权、农村土地经营权的；

（八）认为行政机关滥用行政权力排除或者限制竞争的；

（九）认为行政机关违法集资、摊派费用或者违法要求履行其他义务的；

（十）认为行政机关没有依法支付抚恤金、最低生活保障待遇或者社会保险待遇的；

（十一）认为行政机关不依法履行、未按照约定履行或者违法变更、解除政府特许经营协议、土地房屋征收补偿协议等协议的；

（十二）认为行政机关侵犯其他人身权、财产权等合法权益的。

除前款规定外，人民法院受理法律、法规规定可以提起诉讼的其他行政案件。

第十三条　人民法院不受理公民、法人或者其他组织对下列事项提起的诉讼：

（一）国防、外交等国家行为；

（二）行政法规、规章或者行政机关制定、发布的具有普遍约束力的决定、命令；

（三）行政机关对行政机关工作人员的奖惩、任免等决定；

（四）法律规定由行政机关最终裁决的行政行为。

第三章　管　　辖

第十四条　基层人民法院管辖第一审行政案件。

第十五条　中级人民法院管辖下列第一审行政案件：

（一）对国务院部门或者县级以上地方人民政府所作的行政行为提起诉讼的案件；

（二）海关处理的案件；

（三）本辖区内重大、复杂的案件；

（四）其他法律规定由中级人民法院管辖的案件。

第十六条　高级人民法院管辖本辖区内重大、复杂的第一审行政案件。

第十七条　最高人民法院管辖全国范围内重大、复杂的第一审行政案件。

第十八条　行政案件由最初作出行政行为的行政机关所在地人民法院管辖。经复议的案件，也可以由复议机关所在地人民法院管辖。

经最高人民法院批准，高级人民法院可以根据审判工作的实际情况，确定若干人民法院跨行政区域管辖行政案件。

第十九条　对限制人身自由的行政强制措施不服提起的诉讼，由被告所在地或者原告所在地人民法院管辖。

第二十条　因不动产提起的行政诉讼，由不动产所在地人民法院管辖。

第二十一条　两个以上人民法院都有管辖权的案件，原告可以选择其中一个人民法院提起诉讼。原告向两个以上有管辖权的人民法院提起诉讼的，由最先立案的人民法院管辖。

第二十二条　人民法院发现受理的案件不属于本院管辖的，应当移送有管辖权的人民法院，受移送的人民法院应当受理。受移送的人民法院认为受移送的案件按照规定不属于本院管辖的，应当报请上级人民法院指定管辖，不得再自行移送。

第二十三条 有管辖权的人民法院由于特殊原因不能行使管辖权的,由上级人民法院指定管辖。

人民法院对管辖权发生争议,由争议双方协商解决。协商不成的,报它们的共同上级人民法院指定管辖。

第二十四条 上级人民法院有权审理下级人民法院管辖的第一审行政案件。

下级人民法院对其管辖的第一审行政案件,认为需要由上级人民法院审理或者指定管辖的,可以报请上级人民法院决定。

第四章　诉讼参加人

第二十五条 行政行为的相对人以及其他与行政行为有利害关系的公民、法人或者其他组织,有权提起诉讼。

有权提起诉讼的公民死亡,其近亲属可以提起诉讼。

有权提起诉讼的法人或者其他组织终止,承受其权利的法人或者其他组织可以提起诉讼。

人民检察院在履行职责中发现生态环境和资源保护、食品药品安全、国有财产保护、国有土地使用权出让等领域负有监督管理职责的行政机关违法行使职权或者不作为,致使国家利益或者社会公共利益受到侵害的,应当向行政机关提出检察建议,督促其依法履行职责。行政机关不依法履行职责的,人民检察院依法向人民法院提起诉讼。

第二十六条 公民、法人或者其他组织直接向人民法院提起诉讼的,作出行政行为的行政机关是被告。

经复议的案件,复议机关决定维持原行政行为的,作出原行政行为的行政机关和复议机关是共同被告;复议机关改变原行政行为的,复议机关是被告。

复议机关在法定期限内未作出复议决定，公民、法人或者其他组织起诉原行政行为的，作出原行政行为的行政机关是被告；起诉复议机关不作为的，复议机关是被告。

两个以上行政机关作出同一行政行为的，共同作出行政行为的行政机关是共同被告。

行政机关委托的组织所作的行政行为，委托的行政机关是被告。

行政机关被撤销或者职权变更的，继续行使其职权的行政机关是被告。

第二十七条 当事人一方或者双方为二人以上，因同一行政行为发生的行政案件，或者因同类行政行为发生的行政案件、人民法院认为可以合并审理并经当事人同意的，为共同诉讼。

第二十八条 当事人一方人数众多的共同诉讼，可以由当事人推选代表人进行诉讼。代表人的诉讼行为对其所代表的当事人发生效力，但代表人变更、放弃诉讼请求或者承认对方当事人的诉讼请求，应当经被代表的当事人同意。

第二十九条 公民、法人或者其他组织同被诉行政行为有利害关系但没有提起诉讼，或者同案件处理结果有利害关系的，可以作为第三人申请参加诉讼，或者由人民法院通知参加诉讼。

人民法院判决第三人承担义务或者减损第三人权益的，第三人有权依法提起上诉。

第三十条 没有诉讼行为能力的公民，由其法定代理人代为诉讼。法定代理人互相推诿代理责任的，由人民法院指定其中一人代为诉讼。

第三十一条 当事人、法定代理人，可以委托一至二人作为诉讼代理人。

下列人员可以被委托为诉讼代理人：

（一）律师、基层法律服务工作者；

（二）当事人的近亲属或者工作人员；

（三）当事人所在社区、单位以及有关社会团体推荐的公民。

第三十二条 代理诉讼的律师，有权按照规定查阅、复制本案有关材料，有权向有关组织和公民调查，收集与本案有关的证据。对涉及国家秘密、商业秘密和个人隐私的材料，应当依照法律规定保密。

当事人和其他诉讼代理人有权按照规定查阅、复制本案庭审材料，但涉及国家秘密、商业秘密和个人隐私的内容除外。

第五章　证　　据

第三十三条 证据包括：

（一）书证；

（二）物证；

（三）视听资料；

（四）电子数据；

（五）证人证言；

（六）当事人的陈述；

（七）鉴定意见；

（八）勘验笔录、现场笔录。

以上证据经法庭审查属实，才能作为认定案件事实的根据。

第三十四条 被告对作出的行政行为负有举证责任，应当提供作出该行政行为的证据和所依据的规范性文件。

被告不提供或者无正当理由逾期提供证据，视为没有相应证据。但是，被诉行政行为涉及第三人合法权益，第三人提供证据的除外。

第三十五条　在诉讼过程中，被告及其诉讼代理人不得自行向原告、第三人和证人收集证据。

第三十六条　被告在作出行政行为时已经收集了证据，但因不可抗力等正当事由不能提供的，经人民法院准许，可以延期提供。

原告或者第三人提出了其在行政处理程序中没有提出的理由或者证据的，经人民法院准许，被告可以补充证据。

第三十七条　原告可以提供证明行政行为违法的证据。原告提供的证据不成立的，不免除被告的举证责任。

第三十八条　在起诉被告不履行法定职责的案件中，原告应当提供其向被告提出申请的证据。但有下列情形之一的除外：

（一）被告应当依职权主动履行法定职责的；

（二）原告因正当理由不能提供证据的。

在行政赔偿、补偿的案件中，原告应当对行政行为造成的损害提供证据。因被告的原因导致原告无法举证的，由被告承担举证责任。

第三十九条　人民法院有权要求当事人提供或者补充证据。

第四十条　人民法院有权向有关行政机关以及其他组织、公民调取证据。但是，不得为证明行政行为的合法性调取被告作出行政行为时未收集的证据。

第四十一条　与本案有关的下列证据，原告或者第三人不能自行收集的，可以申请人民法院调取：

（一）由国家机关保存而须由人民法院调取的证据；

（二）涉及国家秘密、商业秘密和个人隐私的证据；

（三）确因客观原因不能自行收集的其他证据。

第四十二条　在证据可能灭失或者以后难以取得的情况下,诉讼参加人可以向人民法院申请保全证据,人民法院也可以主动采取保全措施。

第四十三条　证据应当在法庭上出示,并由当事人互相质证。对涉及国家秘密、商业秘密和个人隐私的证据,不得在公开开庭时出示。

人民法院应当按照法定程序,全面、客观地审查核实证据。对未采纳的证据应当在裁判文书中说明理由。

以非法手段取得的证据,不得作为认定案件事实的根据。

第六章　起诉和受理

第四十四条　对属于人民法院受案范围的行政案件,公民、法人或者其他组织可以先向行政机关申请复议,对复议决定不服的,再向人民法院提起诉讼;也可以直接向人民法院提起诉讼。

法律、法规规定应当先向行政机关申请复议,对复议决定不服再向人民法院提起诉讼的,依照法律、法规的规定。

第四十五条　公民、法人或者其他组织不服复议决定的,可以在收到复议决定书之日起十五日内向人民法院提起诉讼。复议机关逾期不作决定的,申请人可以在复议期满之日起十五日内向人民法院提起诉讼。法律另有规定的除外。

第四十六条　公民、法人或者其他组织直接向人民法院提起诉讼的,应当自知道或者应当知道作出行政行为之日起六个月内提出。法律另有规定的除外。

因不动产提起诉讼的案件自行政行为作出之日起超过二十年,其他案件自行政行为作出之日起超过五年提起诉讼的，人民法院不予受理。

第四十七条 公民、法人或者其他组织申请行政机关履行保护其人身权、财产权等合法权益的法定职责，行政机关在接到申请之日起两个月内不履行的，公民、法人或者其他组织可以向人民法院提起诉讼。法律、法规对行政机关履行职责的期限另有规定的，从其规定。

公民、法人或者其他组织在紧急情况下请求行政机关履行保护其人身权、财产权等合法权益的法定职责，行政机关不履行的，提起诉讼不受前款规定期限的限制。

第四十八条 公民、法人或者其他组织因不可抗力或者其他不属于其自身的原因耽误起诉期限的，被耽误的时间不计算在起诉期限内。

公民、法人或者其他组织因前款规定以外的其他特殊情况耽误起诉期限的，在障碍消除后十日内，可以申请延长期限，是否准许由人民法院决定。

第四十九条 提起诉讼应当符合下列条件：

（一）原告是符合本法第二十五条规定的公民、法人或者其他组织；

（二）有明确的被告；

（三）有具体的诉讼请求和事实根据；

（四）属于人民法院受案范围和受诉人民法院管辖。

第五十条 起诉应当向人民法院递交起诉状，并按照被告人数提出副本。

书写起诉状确有困难的，可以口头起诉，由人民法院记入笔录，出具注明日期的书面凭证，并告知对方当事人。

第五十一条 人民法院在接到起诉状时对符合本法规定的起诉条件的，应当登记立案。

对当场不能判定是否符合本法规定的起诉条件的，应当接收起诉状，出具注明收到日期的书面凭证，并在七日内决定是否立案。不符合起诉条件的，作出不予立案的裁定。裁定书应当载明不予立案的理由。原告对裁定不服的，可以提起上诉。

起诉状内容欠缺或者有其他错误的，应当给予指导和释明，并一次性告知当事人需要补正的内容。不得未经指导和释明即以起诉不符合条件为由不接收起诉状。

对于不接收起诉状、接收起诉状后不出具书面凭证，以及不一次性告知当事人需要补正的起诉状内容的，当事人可以向上级人民法院投诉，上级人民法院应当责令改正，并对直接负责的主管人员和其他直接责任人员依法给予处分。

第五十二条 人民法院既不立案，又不作出不予立案裁定的，当事人可以向上一级人民法院起诉。上一级人民法院认为符合起诉条件的，应当立案、审理，也可以指定其他下级人民法院立案、审理。

第五十三条 公民、法人或者其他组织认为行政行为所依据的国务院部门和地方人民政府及其部门制定的规范性文件不合法，在对行政行为提起诉讼时，可以一并请求对该规范性文件进行审查。

前款规定的规范性文件不含规章。

第七章 审理和判决

第一节 一般规定

第五十四条 人民法院公开审理行政案件，但涉及国家秘密、个人隐私和法律另有规定的除外。

涉及商业秘密的案件,当事人申请不公开审理的,可以不公开审理。

第五十五条 当事人认为审判人员与本案有利害关系或者有其他关系可能影响公正审判,有权申请审判人员回避。

审判人员认为自己与本案有利害关系或者有其他关系,应当申请回避。

前两款规定,适用于书记员、翻译人员、鉴定人、勘验人。

院长担任审判长时的回避,由审判委员会决定;审判人员的回避,由院长决定;其他人员的回避,由审判长决定。当事人对决定不服的,可以申请复议一次。

第五十六条 诉讼期间,不停止行政行为的执行。但有下列情形之一的,裁定停止执行:

(一)被告认为需要停止执行的;

(二)原告或者利害关系人申请停止执行,人民法院认为该行政行为的执行会造成难以弥补的损失,并且停止执行不损害国家利益、社会公共利益的;

(三)人民法院认为该行政行为的执行会给国家利益、社会公共利益造成重大损害的;

(四)法律、法规规定停止执行的。

当事人对停止执行或者不停止执行的裁定不服的,可以申请复议一次。

第五十七条 人民法院对起诉行政机关没有依法支付抚恤金、最低生活保障金和工伤、医疗社会保险金的案件,权利义务关系明确、不先予执行将严重影响原告生活的,可以根据原告的申请,裁定先予执行。

当事人对先予执行裁定不服的,可以申请复议一次。复议期间不停止裁定的执行。

第五十八条 经人民法院传票传唤,原告无正当理由拒不到庭,或者未经法庭许可中途退庭的,可以按照撤诉处理;被告无正当理由拒不到庭,或者未经法庭许可中途退庭的,可以缺席判决。

第五十九条 诉讼参与人或者其他人有下列行为之一的,人民法院可以根据情节轻重,予以训诫、责令具结悔过或者处一万元以下的罚款、十五日以下的拘留;构成犯罪的,依法追究刑事责任:

(一)有义务协助调查、执行的人,对人民法院的协助调查决定、协助执行通知书,无故推拖、拒绝或者妨碍调查、执行的;

(二)伪造、隐藏、毁灭证据或者提供虚假证明材料,妨碍人民法院审理案件的;

(三)指使、贿买、胁迫他人作伪证或者威胁、阻止证人作证的;

(四)隐藏、转移、变卖、毁损已被查封、扣押、冻结的财产的;

(五)以欺骗、胁迫等非法手段使原告撤诉的;

(六)以暴力、威胁或者其他方法阻碍人民法院工作人员执行职务,或者以哄闹、冲击法庭等方法扰乱人民法院工作秩序的;

(七)对人民法院审判人员或者其他工作人员、诉讼参与人、协助调查和执行的人员恐吓、侮辱、诽谤、诬陷、殴打、围攻或者打击报复的。

人民法院对有前款规定的行为之一的单位,可以对其主要负责人或者直接责任人员依照前款规定予以罚款、拘留;构成犯罪的,依法追究刑事责任。

罚款、拘留须经人民法院院长批准。当事人不服的,可以向上一级人民法院申请复议一次。复议期间不停止执行。

第六十条 人民法院审理行政案件，不适用调解。但是，行政赔偿、补偿以及行政机关行使法律、法规规定的自由裁量权的案件可以调解。

调解应当遵循自愿、合法原则，不得损害国家利益、社会公共利益和他人合法权益。

第六十一条 在涉及行政许可、登记、征收、征用和行政机关对民事争议所作的裁决的行政诉讼中，当事人申请一并解决相关民事争议的，人民法院可以一并审理。

在行政诉讼中，人民法院认为行政案件的审理需以民事诉讼的裁判为依据的，可以裁定中止行政诉讼。

第六十二条 人民法院对行政案件宣告判决或者裁定前，原告申请撤诉的，或者被告改变其所作的行政行为，原告同意并申请撤诉的，是否准许，由人民法院裁定。

第六十三条 人民法院审理行政案件，以法律和行政法规、地方性法规为依据。地方性法规适用于本行政区域内发生的行政案件。

人民法院审理民族自治地方的行政案件，并以该民族自治地方的自治条例和单行条例为依据。

人民法院审理行政案件，参照规章。

第六十四条 人民法院在审理行政案件中，经审查认为本法第五十三条规定的规范性文件不合法的，不作为认定行政行为合法的依据，并向制定机关提出处理建议。

第六十五条 人民法院应当公开发生法律效力的判决书、裁定书，供公众查阅，但涉及国家秘密、商业秘密和个人隐私的内容除外。

第六十六条 人民法院在审理行政案件中，认为行政机关的主管人员、直接责任人员违法违纪的，应当将有关材料移送监察机关、该行政机关或者其上一级行政机关；认为有犯罪行为的，应当将有关材料移送公安、检察机关。

人民法院对被告经传票传唤无正当理由拒不到庭，或者未经法庭许可中途退庭的，可以将被告拒不到庭或者中途退庭的情况予以公告，并可以向监察机关或者被告的上一级行政机关提出依法给予其主要负责人或者直接责任人员处分的司法建议。

第二节　第一审普通程序

第六十七条 人民法院应当在立案之日起五日内，将起诉状副本发送被告。被告应当在收到起诉状副本之日起十五日内向人民法院提交作出行政行为的证据和所依据的规范性文件，并提出答辩状。人民法院应当在收到答辩状之日起五日内，将答辩状副本发送原告。

被告不提出答辩状的，不影响人民法院审理。

第六十八条 人民法院审理行政案件，由审判员组成合议庭，或者由审判员、陪审员组成合议庭。合议庭的成员，应当是三人以上的单数。

第六十九条 行政行为证据确凿，适用法律、法规正确，符合法定程序的，或者原告申请被告履行法定职责或者给付义务理由不成立的，人民法院判决驳回原告的诉讼请求。

第七十条 行政行为有下列情形之一的，人民法院判决撤销或者部分撤销，并可以判决被告重新作出行政行为：

（一）主要证据不足的；

（二）适用法律、法规错误的；

（三）违反法定程序的；

（四）超越职权的；

（五）滥用职权的；

（六）明显不当的。

第七十一条 人民法院判决被告重新作出行政行为的，被告不得以同一的事实和理由作出与原行政行为基本相同的行政行为。

第七十二条 人民法院经过审理，查明被告不履行法定职责的，判决被告在一定期限内履行。

第七十三条 人民法院经过审理，查明被告依法负有给付义务的，判决被告履行给付义务。

第七十四条 行政行为有下列情形之一的，人民法院判决确认违法，但不撤销行政行为：

（一）行政行为依法应当撤销，但撤销会给国家利益、社会公共利益造成重大损害的；

（二）行政行为程序轻微违法，但对原告权利不产生实际影响的。

行政行为有下列情形之一，不需要撤销或者判决履行的，人民法院判决确认违法：

（一）行政行为违法，但不具有可撤销内容的；

（二）被告改变原违法行政行为，原告仍要求确认原行政行为违法的；

（三）被告不履行或者拖延履行法定职责，判决履行没有意义的。

第七十五条 行政行为有实施主体不具有行政主体资格或者没有依据等重大且明显违法情形，原告申请确认行政行为无效的，人民法院判决确认无效。

第七十六条 人民法院判决确认违法或者无效的，可以同时判决责令被告采取补救措施；给原告造成损失的，依法判决被告承担赔偿责任。

第七十七条　行政处罚明显不当，或者其他行政行为涉及对款额的确定、认定确有错误的，人民法院可以判决变更。

人民法院判决变更，不得加重原告的义务或者减损原告的权益。但利害关系人同为原告，且诉讼请求相反的除外。

第七十八条　被告不依法履行、未按照约定履行或者违法变更、解除本法第十二条第一款第十一项规定的协议的，人民法院判决被告承担继续履行、采取补救措施或者赔偿损失等责任。

被告变更、解除本法第十二条第一款第十一项规定的协议合法，但未依法给予补偿的，人民法院判决给予补偿。

第七十九条　复议机关与作出原行政行为的行政机关为共同被告的案件，人民法院应当对复议决定和原行政行为一并作出裁判。

第八十条　人民法院对公开审理和不公开审理的案件，一律公开宣告判决。

当庭宣判的，应当在十日内发送判决书；定期宣判的，宣判后立即发给判决书。

宣告判决时，必须告知当事人上诉权利、上诉期限和上诉的人民法院。

第八十一条　人民法院应当在立案之日起六个月内作出第一审判决。有特殊情况需要延长的，由高级人民法院批准，高级人民法院审理第一审案件需要延长的，由最高人民法院批准。

第三节　简易程序

第八十二条　人民法院审理下列第一审行政案件，认为事实清楚、权利义务关系明确、争议不大的，可以适用简易程序：

（一）被诉行政行为是依法当场作出的；

（二）案件涉及款额二千元以下的；

（三）属于政府信息公开案件的。

除前款规定以外的第一审行政案件，当事人各方同意适用简易程序的，可以适用简易程序。

发回重审、按照审判监督程序再审的案件不适用简易程序。

第八十三条 适用简易程序审理的行政案件，由审判员一人独任审理，并应当在立案之日起四十五日内审结。

第八十四条 人民法院在审理过程中，发现案件不宜适用简易程序的，裁定转为普通程序。

第四节　第二审程序

第八十五条 当事人不服人民法院第一审判决的，有权在判决书送达之日起十五日内向上一级人民法院提起上诉。当事人不服人民法院第一审裁定的，有权在裁定书送达之日起十日内向上一级人民法院提起上诉。逾期不提起上诉的，人民法院的第一审判决或者裁定发生法律效力。

第八十六条 人民法院对上诉案件，应当组成合议庭，开庭审理。经过阅卷、调查和询问当事人，对没有提出新的事实、证据或者理由，合议庭认为不需要开庭审理的，也可以不开庭审理。

第八十七条 人民法院审理上诉案件，应当对原审人民法院的判决、裁定和被诉行政行为进行全面审查。

第八十八条 人民法院审理上诉案件，应当在收到上诉状之日起三个月内作出终审判决。有特殊情况需要延长的，由高级人民法院批准，高级人民法院审理上诉案件需要延长的，由最高人民法院批准。

第八十九条　人民法院审理上诉案件，按照下列情形，分别处理：

（一）原判决、裁定认定事实清楚，适用法律、法规正确的，判决或者裁定驳回上诉，维持原判决、裁定；

（二）原判决、裁定认定事实错误或者适用法律、法规错误的，依法改判、撤销或者变更；

（三）原判决认定基本事实不清、证据不足的，发回原审人民法院重审，或者查清事实后改判；

（四）原判决遗漏当事人或者违法缺席判决等严重违反法定程序的，裁定撤销原判决，发回原审人民法院重审。

原审人民法院对发回重审的案件作出判决后，当事人提起上诉的，第二审人民法院不得再次发回重审。

人民法院审理上诉案件，需要改变原审判决的，应当同时对被诉行政行为作出判决。

第五节　审判监督程序

第九十条　当事人对已经发生法律效力的判决、裁定，认为确有错误的，可以向上一级人民法院申请再审，但判决、裁定不停止执行。

第九十一条　当事人的申请符合下列情形之一的，人民法院应当再审：

（一）不予立案或者驳回起诉确有错误的；

（二）有新的证据，足以推翻原判决、裁定的；

（三）原判决、裁定认定事实的主要证据不足、未经质证或者系伪造的；

（四）原判决、裁定适用法律、法规确有错误的；

（五）违反法律规定的诉讼程序，可能影响公正审判的；

（六）原判决、裁定遗漏诉讼请求的；

（七）据以作出原判决、裁定的法律文书被撤销或者变更的；

（八）审判人员在审理该案件时有贪污受贿、徇私舞弊、枉法裁判行为的。

第九十二条　各级人民法院院长对本院已经发生法律效力的判决、裁定，发现有本法第九十一条规定情形之一，或者发现调解违反自愿原则或者调解书内容违法，认为需要再审的，应当提交审判委员会讨论决定。

最高人民法院对地方各级人民法院已经发生法律效力的判决、裁定，上级人民法院对下级人民法院已经发生法律效力的判决、裁定，发现有本法第九十一条规定情形之一，或者发现调解违反自愿原则或者调解书内容违法的，有权提审或者指令下级人民法院再审。

第九十三条　最高人民检察院对各级人民法院已经发生法律效力的判决、裁定，上级人民检察院对下级人民法院已经发生法律效力的判决、裁定，发现有本法第九十一条规定情形之一，或者发现调解书损害国家利益、社会公共利益的，应当提出抗诉。

地方各级人民检察院对同级人民法院已经发生法律效力的判决、裁定，发现有本法第九十一条规定情形之一，或者发现调解书损害国家利益、社会公共利益的，可以向同级人民法院提出检察建议，并报上级人民检察院备案；也可以提请上级人民检察院向同级人民法院提出抗诉。

各级人民检察院对审判监督程序以外的其他审判程序中审判人员

的违法行为，有权向同级人民法院提出检察建议。

第八章 执 行

第九十四条 当事人必须履行人民法院发生法律效力的判决、裁定、调解书。

第九十五条 公民、法人或者其他组织拒绝履行判决、裁定、调解书的，行政机关或者第三人可以向第一审人民法院申请强制执行，或者由行政机关依法强制执行。

第九十六条 行政机关拒绝履行判决、裁定、调解书的，第一审人民法院可以采取下列措施：

（一）对应当归还的罚款或者应当给付的款额，通知银行从该行政机关的账户内划拨；

（二）在规定期限内不履行的，从期满之日起，对该行政机关负责人按日处五十元至一百元的罚款；

（三）将行政机关拒绝履行的情况予以公告；

（四）向监察机关或者该行政机关的上一级行政机关提出司法建议。接受司法建议的机关，根据有关规定进行处理，并将处理情况告知人民法院；

（五）拒不履行判决、裁定、调解书，社会影响恶劣的，可以对该行政机关直接负责的主管人员和其他直接责任人员予以拘留；情节严重，构成犯罪的，依法追究刑事责任。

第九十七条 公民、法人或者其他组织对行政行为在法定期限内不提起诉讼又不履行的，行政机关可以申请人民法院强制执行，或者依法强制执行。

第九章　涉外行政诉讼

第九十八条　外国人、无国籍人、外国组织在中华人民共和国进行行政诉讼，适用本法。法律另有规定的除外。

第九十九条　外国人、无国籍人、外国组织在中华人民共和国进行行政诉讼，同中华人民共和国公民、组织有同等的诉讼权利和义务。

外国法院对中华人民共和国公民、组织的行政诉讼权利加以限制的，人民法院对该国公民、组织的行政诉讼权利，实行对等原则。

第一百条　外国人、无国籍人、外国组织在中华人民共和国进行行政诉讼，委托律师代理诉讼的，应当委托中华人民共和国律师机构的律师。

第十章　附　　则

第一百零一条　人民法院审理行政案件，关于期间、送达、财产保全、开庭审理、调解、中止诉讼、终结诉讼、简易程序、执行等，以及人民检察院对行政案件受理、审理、裁判、执行的监督，本法没有规定的，适用《中华人民共和国民事诉讼法》的相关规定。

第一百零二条　人民法院审理行政案件，应当收取诉讼费用。诉讼费用由败诉方承担，双方都有责任的由双方分担。收取诉讼费用的具体办法另行规定。

第一百零三条　本法自1990年10月1日起施行。

最高人民法院关于适用
《中华人民共和国行政诉讼法》的解释

(2017年11月13日最高人民法院审判委员会第1726次会议通过 2018年2月6日最高人民法院公告公布 自2018年2月8日起施行 法释〔2018〕1号)

为正确适用《中华人民共和国行政诉讼法》(以下简称行政诉讼法),结合人民法院行政审判工作实际,制定本解释。

一、受案范围

第一条 公民、法人或者其他组织对行政机关及其工作人员的行政行为不服,依法提起诉讼的,属于人民法院行政诉讼的受案范围。

下列行为不属于人民法院行政诉讼的受案范围:

(一)公安、国家安全等机关依照刑事诉讼法的明确授权实施的行为;

(二)调解行为以及法律规定的仲裁行为;

(三)行政指导行为;

(四)驳回当事人对行政行为提起申诉的重复处理行为;

(五)行政机关作出的不产生外部法律效力的行为;

(六)行政机关为作出行政行为而实施的准备、论证、研究、层报、咨询等过程性行为;

(七)行政机关根据人民法院的生效裁判、协助执行通知书作出的执行行为，但行政机关扩大执行范围或者采取违法方式实施的除外；

（八）上级行政机关基于内部层级监督关系对下级行政机关作出的听取报告、执法检查、督促履责等行为；

（九）行政机关针对信访事项作出的登记、受理、交办、转送、复查、复核意见等行为；

（十）对公民、法人或者其他组织权利义务不产生实际影响的行为。

第二条 行政诉讼法第十三条第一项规定的"国家行为"，是指国务院、中央军事委员会、国防部、外交部等根据宪法和法律的授权，以国家的名义实施的有关国防和外交事务的行为，以及经宪法和法律授权的国家机关宣布紧急状态等行为。

行政诉讼法第十三条第二项规定的"具有普遍约束力的决定、命令"，是指行政机关针对不特定对象发布的能反复适用的规范性文件。

行政诉讼法第十三条第三项规定的"对行政机关工作人员的奖惩、任免等决定"，是指行政机关作出的涉及行政机关工作人员公务员权利义务的决定。

行政诉讼法第十三条第四项规定的"法律规定由行政机关最终裁决的行政行为"中的"法律"，是指全国人民代表大会及其常务委员会制定、通过的规范性文件。

二、管　　辖

第三条 各级人民法院行政审判庭审理行政案件和审查行政机关

申请执行其行政行为的案件。

专门人民法院、人民法庭不审理行政案件，也不审查和执行行政机关申请执行其行政行为的案件。铁路运输法院等专门人民法院审理行政案件，应当执行行政诉讼法第十八条第二款的规定。

第四条 立案后，受诉人民法院的管辖权不受当事人住所地改变、追加被告等事实和法律状态变更的影响。

第五条 有下列情形之一的，属于行政诉讼法第十五条第三项规定的"本辖区内重大、复杂的案件"：

（一）社会影响重大的共同诉讼案件；

（二）涉外或者涉及香港特别行政区、澳门特别行政区、台湾地区的案件；

（三）其他重大、复杂案件。

第六条 当事人以案件重大复杂为由，认为有管辖权的基层人民法院不宜行使管辖权或者根据行政诉讼法第五十二条的规定，向中级人民法院起诉，中级人民法院应当根据不同情况在七日内分别作出以下处理：

（一）决定自行审理；

（二）指定本辖区其他基层人民法院管辖；

（三）书面告知当事人向有管辖权的基层人民法院起诉。

第七条 基层人民法院对其管辖的第一审行政案件，认为需要由中级人民法院审理或者指定管辖的，可以报请中级人民法院决定。中级人民法院应当根据不同情况在七日内分别作出以下处理：

（一）决定自行审理；

（二）指定本辖区其他基层人民法院管辖；

（三）决定由报请的人民法院审理。

第八条 行政诉讼法第十九条规定的"原告所在地",包括原告的户籍所在地、经常居住地和被限制人身自由地。

对行政机关基于同一事实,既采取限制公民人身自由的行政强制措施,又采取其他行政强制措施或者行政处罚不服的,由被告所在地或者原告所在地的人民法院管辖。

第九条 行政诉讼法第二十条规定的"因不动产提起的行政诉讼"是指因行政行为导致不动产物权变动而提起的诉讼。

不动产已登记的,以不动产登记簿记载的所在地为不动产所在地;不动产未登记的,以不动产实际所在地为不动产所在地。

第十条 人民法院受理案件后,被告提出管辖异议的,应当在收到起诉状副本之日起十五日内提出。

对当事人提出的管辖异议,人民法院应当进行审查。异议成立的,裁定将案件移送有管辖权的人民法院;异议不成立的,裁定驳回。

人民法院对管辖异议审查后确定有管辖权的,不因当事人增加或者变更诉讼请求等改变管辖,但违反级别管辖、专属管辖规定的除外。

第十一条 有下列情形之一的,人民法院不予审查:

(一)人民法院发回重审或者按第一审程序再审的案件,当事人提出管辖异议的;

(二)当事人在第一审程序中未按照法律规定的期限和形式提出管辖异议,在第二审程序中提出的。

三、诉讼参加人

第十二条 有下列情形之一的,属于行政诉讼法第二十五条第一

款规定的"与行政行为有利害关系":

（一）被诉的行政行为涉及其相邻权或者公平竞争权的；

（二）在行政复议等行政程序中被追加为第三人的；

（三）要求行政机关依法追究加害人法律责任的；

（四）撤销或者变更行政行为涉及其合法权益的；

（五）为维护自身合法权益向行政机关投诉，具有处理投诉职责的行政机关作出或者未作出处理的；

（六）其他与行政行为有利害关系的情形。

第十三条 债权人以行政机关对债务人所作的行政行为损害债权实现为由提起行政诉讼的，人民法院应当告知其就民事争议提起民事诉讼，但行政机关作出行政行为时依法应予保护或者应予考虑的除外。

第十四条 行政诉讼法第二十五条第二款规定的"近亲属"，包括配偶、父母、子女、兄弟姐妹、祖父母、外祖父母、孙子女、外孙子女和其他具有扶养、赡养关系的亲属。

公民因被限制人身自由而不能提起诉讼的，其近亲属可以依其口头或者书面委托以该公民的名义提起诉讼。近亲属起诉时无法与被限制人身自由的公民取得联系，近亲属可以先行起诉，并在诉讼中补充提交委托证明。

第十五条 合伙企业向人民法院提起诉讼的，应当以核准登记的字号为原告。未依法登记领取营业执照的个人合伙的全体合伙人为共同原告；全体合伙人可以推选代表人，被推选的代表人，应当由全体合伙人出具推选书。

个体工商户向人民法院提起诉讼的，以营业执照上登记的经营者为原告。有字号的，以营业执照上登记的字号为原告，并应当注明该字号经营者的基本信息。

第十六条 股份制企业的股东大会、股东会、董事会等认为行政机关作出的行政行为侵犯企业经营自主权的，可以企业名义提起诉讼。

联营企业、中外合资或者合作企业的联营、合资、合作各方，认为联营、合资、合作企业权益或者自己一方合法权益受行政行为侵害的，可以自己的名义提起诉讼。

非国有企业被行政机关注销、撤销、合并、强令兼并、出售、分立或者改变企业隶属关系的，该企业或者其法定代表人可以提起诉讼。

第十七条 事业单位、社会团体、基金会、社会服务机构等非营利法人的出资人、设立人认为行政行为损害法人合法权益的，可以自己的名义提起诉讼。

第十八条 业主委员会对于行政机关作出的涉及业主共有利益的行政行为，可以自己的名义提起诉讼。

业主委员会不起诉的，专有部分占建筑物总面积过半数或者占总户数过半数的业主可以提起诉讼。

第十九条 当事人不服经上级行政机关批准的行政行为，向人民法院提起诉讼的，以在对外发生法律效力的文书上署名的机关为被告。

第二十条 行政机关组建并赋予行政管理职能但不具有独立承担法律责任能力的机构，以自己的名义作出行政行为，当事人不服提起诉讼的，应当以组建该机构的行政机关为被告。

法律、法规或者规章授权行使行政职权的行政机关内设机构、派出机构或者其他组织，超出法定授权范围实施行政行为，当事人不服提起诉讼的,应当以实施该行为的机构或者组织为被告。

没有法律、法规或者规章规定,行政机关授权其内设机构、派出机构或者其他组织行使行政职权的,属于行政诉讼法第二十六条规定的委托。当事人不服提起诉讼的,应当以该行政机关为被告。

第二十一条 当事人对由国务院、省级人民政府批准设立的开发区管理机构作出的行政行为不服提起诉讼的,以该开发区管理机构为被告;对由国务院、省级人民政府批准设立的开发区管理机构所属职能部门作出的行政行为不服提起诉讼的,以其职能部门为被告;对其他开发区管理机构所属职能部门作出的行政行为不服提起诉讼的,以开发区管理机构为被告;开发区管理机构没有行政主体资格的,以设立该机构的地方人民政府为被告。

第二十二条 行政诉讼法第二十六条第二款规定的"复议机关改变原行政行为",是指复议机关改变原行政行为的处理结果。复议机关改变原行政行为所认定的主要事实和证据、改变原行政行为所适用的规范依据,但未改变原行政行为处理结果的,视为复议机关维持原行政行为。

复议机关确认原行政行为无效,属于改变原行政行为。

复议机关确认原行政行为违法,属于改变原行政行为,但复议机关以违反法定程序为由确认原行政行为违法的除外。

第二十三条 行政机关被撤销或者职权变更,没有继续行使其职权的行政机关的,以其所属的人民政府为被告;实行垂直领导的,以垂直领导的上一级行政机关为被告。

第二十四条 当事人对村民委员会或者居民委员会依据法律、法规、规章的授权履行行政管理职责的行为不服提起诉讼的,以村民委员会或者居民委员会为被告。

当事人对村民委员会、居民委员会受行政机关委托作出的行为不服提起诉讼的，以委托的行政机关为被告。

当事人对高等学校等事业单位以及律师协会、注册会计师协会等行业协会依据法律、法规、规章的授权实施的行政行为不服提起诉讼的，以该事业单位、行业协会为被告。

当事人对高等学校等事业单位以及律师协会、注册会计师协会等行业协会受行政机关委托作出的行为不服提起诉讼的，以委托的行政机关为被告。

第二十五条 市、县级人民政府确定的房屋征收部门组织实施房屋征收与补偿工作过程中作出行政行为，被征收人不服提起诉讼的，以房屋征收部门为被告。

征收实施单位受房屋征收部门委托，在委托范围内从事的行为，被征收人不服提起诉讼的，应当以房屋征收部门为被告。

第二十六条 原告所起诉的被告不适格，人民法院应当告知原告变更被告；原告不同意变更的，裁定驳回起诉。

应当追加被告而原告不同意追加的，人民法院应当通知其以第三人的身份参加诉讼，但行政复议机关作共同被告的除外。

第二十七条 必须共同进行诉讼的当事人没有参加诉讼的，人民法院应当依法通知其参加；当事人也可以向人民法院申请参加。

人民法院应当对当事人提出的申请进行审查，申请理由不成立的，裁定驳回；申请理由成立的，书面通知其参加诉讼。

前款所称的必须共同进行诉讼，是指按照行政诉讼法第二十七条的规定，当事人一方或者双方为两人以上，因同一行政行为发生行政争议，人民法院必须合并审理的诉讼。

第二十八条 人民法院追加共同诉讼的当事人时，应当通知其他当事人。应当追加的原告，已明确表示放弃实体权利的，可不予追加；既不愿意参加诉讼，又不放弃实体权利的，应追加为第三人，其不参加诉讼，不能阻碍人民法院对案件的审理和裁判。

第二十九条 行政诉讼法第二十八条规定的"人数众多"，一般指十人以上。

根据行政诉讼法第二十八条的规定，当事人一方人数众多的，由当事人推选代表人。当事人推选不出的，可以由人民法院在起诉的当事人中指定代表人。

行政诉讼法第二十八条规定的代表人为二至五人。代表人可以委托一至二人作为诉讼代理人。

第三十条 行政机关的同一行政行为涉及两个以上利害关系人，其中一部分利害关系人对行政行为不服提起诉讼，人民法院应当通知没有起诉的其他利害关系人作为第三人参加诉讼。

与行政案件处理结果有利害关系的第三人，可以申请参加诉讼，或者由人民法院通知其参加诉讼。人民法院判决其承担义务或者减损其权益的第三人，有权提出上诉或者申请再审。

行政诉讼法第二十九条规定的第三人，因不能归责于本人的事由未参加诉讼，但有证据证明发生法律效力的判决、裁定、调解书损害其合法权益的，可以依照行政诉讼法第九十条的规定，自知道或者应当知道其合法权益受到损害之日起六个月内，向上一级人民法院申请再审。

第三十一条 当事人委托诉讼代理人，应当向人民法院提交由委托人签名或者盖章的授权委托书。委托书应当载明委托事项和具体权限。公民在特殊情况下无法书面委托的，也可以由他人代书，并由自己捺印等方式确认，人民法院应当核实并记录在卷；被诉行政机关或者其他有义务协助的机关拒绝人民法院向被限制人身自由的公民核实的,视为委托成立。当事人解除或者变更委托的,应当书面报告人民法院。

第三十二条 依照行政诉讼法第三十一条第二款第二项规定,与当事人有合法劳动人事关系的职工,可以当事人工作人员的名义作为诉讼代理人。以当事人的工作人员身份参加诉讼活动,应当提交以下证据之一加以证明:

(一)缴纳社会保险记录凭证;

(二)领取工资凭证;

(三)其他能够证明其为当事人工作人员身份的证据。

第三十三条 根据行政诉讼法第三十一条第二款第三项规定,有关社会团体推荐公民担任诉讼代理人的,应当符合下列条件:

(一)社会团体属于依法登记设立或者依法免予登记设立的非营利性法人组织;

(二)被代理人属于该社会团体的成员,或者当事人一方住所地位于该社会团体的活动地域;

(三)代理事务属于该社会团体章程载明的业务范围;

(四)被推荐的公民是该社会团体的负责人或者与该社会团体有合法劳动人事关系的工作人员。

专利代理人经中华全国专利代理人协会推荐,可以在专利行政案件中担任诉讼代理人。

四、证　　据

第三十四条 根据行政诉讼法第三十六条第一款的规定,被告申请延期提供证据的，应当在收到起诉状副本之日起十五日内以书面方式向人民法院提出。人民法院准许延期提供的，被告应当在正当事由消除后十五日内提供证据。逾期提供的，视为被诉行政行为没有相应的证据。

第三十五条 原告或者第三人应当在开庭审理前或者人民法院指定的交换证据清单之日提供证据。因正当事由申请延期提供证据的，经人民法院准许，可以在法庭调查中提供。逾期提供证据的，人民法院应当责令其说明理由；拒不说明理由或者理由不成立的，视为放弃举证权利。

原告或者第三人在第一审程序中无正当事由未提供而在第二审程序中提供的证据，人民法院不予接纳。

第三十六条 当事人申请延长举证期限，应当在举证期限届满前向人民法院提出书面申请。

申请理由成立的，人民法院应当准许，适当延长举证期限，并通知其他当事人。申请理由不成立的，人民法院不予准许，并通知申请人。

第三十七条 根据行政诉讼法第三十九条的规定，对当事人无争议，但涉及国家利益、公共利益或者他人合法权益的事实，人民法院可以责令当事人提供或者补充有关证据。

第三十八条 对于案情比较复杂或者证据数量较多的案件，人民法院可以组织当事人在开庭前向对方出示或者交换证据，并将交换证据清单的情况记录在卷。

当事人在庭前证据交换过程中没有争议并记录在卷的证据，经审判人员在庭审中说明后，可以作为认定案件事实的依据。

第三十九条 当事人申请调查收集证据，但该证据与待证事实无关联、对证明待证事实无意义或者其他无调查收集必要的，人民法院不予准许。

第四十条　人民法院在证人出庭作证前应当告知其如实作证的义务以及作伪证的法律后果。

证人因履行出庭作证义务而支出的交通、住宿、就餐等必要费用以及误工损失，由败诉一方当事人承担。

第四十一条　有下列情形之一，原告或者第三人要求相关行政执法人员出庭说明的，人民法院可以准许：

（一）对现场笔录的合法性或者真实性有异议的；

（二）对扣押财产的品种或者数量有异议的；

（三）对检验的物品取样或者保管有异议的；

（四）对行政执法人员身份的合法性有异议的；

（五）需要出庭说明的其他情形。

第四十二条　能够反映案件真实情况、与待证事实相关联、来源和形式符合法律规定的证据，应当作为认定案件事实的根据。

第四十三条　有下列情形之一的，属于行政诉讼法第四十三条第三款规定的"以非法手段取得的证据"：

（一）严重违反法定程序收集的证据材料；

（二）以违反法律强制性规定的手段获取且侵害他人合法权益的证据材料；

（三）以利诱、欺诈、胁迫、暴力等手段获取的证据材料。

第四十四条　人民法院认为有必要的，可以要求当事人本人或者行政机关执法人员到庭，就案件有关事实接受询问。在询问之前，可以要求其签署保证书。

保证书应当载明据实陈述、如有虚假陈述愿意接受处罚等内容。

当事人或者行政机关执法人员应当在保证书上签名或者捺印。

负有举证责任的当事人拒绝到庭、拒绝接受询问或者拒绝签署保证书，待证事实又欠缺其他证据加以佐证的，人民法院对其主张的事实不予认定。

第四十五条 被告有证据证明其在行政程序中依照法定程序要求原告或者第三人提供证据，原告或者第三人依法应当提供而没有提供，在诉讼程序中提供的证据，人民法院一般不予采纳。

第四十六条 原告或者第三人确有证据证明被告持有的证据对原告或者第三人有利的，可以在开庭审理前书面申请人民法院责令行政机关提交。

申请理由成立的，人民法院应当责令行政机关提交，因提交证据所产生的费用，由申请人预付。行政机关无正当理由拒不提交的，人民法院可以推定原告或者第三人基于该证据主张的事实成立。

持有证据的当事人以妨碍对方当事人使用为目的，毁灭有关证据或者实施其他致使证据不能使用行为的，人民法院可以推定对方当事人基于该证据主张的事实成立，并可依照行政诉讼法第五十九条规定处理。

第四十七条 根据行政诉讼法第三十八条第二款的规定，在行政赔偿、补偿案件中，因被告的原因导致原告无法就损害情况举证的，应当由被告就该损害情况承担举证责任。

对于各方主张损失的价值无法认定的，应当由负有举证责任的一方当事人申请鉴定，但法律、法规、规章规定行政机关在作出行政行为时依法应当评估或者鉴定的除外；负有举证责任的当事人拒绝申请鉴定的，由其承担不利的法律后果。

当事人的损失因客观原因无法鉴定的，人民法院应当结合当事人的主张和在案证据，遵循法官职业道德，运用逻辑推理和生活经验、生活常识等，酌情确定赔偿数额。

五、期间、送达

第四十八条 期间包括法定期间和人民法院指定的期间。

期间以时、日、月、年计算。期间开始的时和日，不计算在期间内。

期间届满的最后一日是节假日的，以节假日后的第一日为期间届满的日期。

期间不包括在途时间，诉讼文书在期满前交邮的，视为在期限内发送。

第四十九条 行政诉讼法第五十一条第二款规定的立案期限，因起诉状内容欠缺或者有其他错误通知原告限期补正的，从补正后递交人民法院的次日起算。由上级人民法院转交下级人民法院立案的案件，从受诉人民法院收到起诉状的次日起算。

第五十条 行政诉讼法第八十一条、第八十三条、第八十八条规定的审理期限，是指从立案之日起至裁判宣告、调解书送达之日止的期间，但公告期间、鉴定期间、调解期间、中止诉讼期间、审理当事人提出的管辖异议以及处理人民法院之间的管辖争议期间不应计算在内。

再审案件按照第一审程序或者第二审程序审理的，适用行政诉讼法第八十一条、第八十八条规定的审理期限。审理期限自再审立案的次日起算。

基层人民法院申请延长审理期限，应当直接报请高级人民法院批准，同时报中级人民法院备案。

第五十一条 人民法院可以要求当事人签署送达地址确认书，当事人确认的送达地址为人民法院法律文书的送达地址。

当事人同意电子送达的，应当提供并确认传真号、电子信箱等电子送达地址。

当事人送达地址发生变更的，应当及时书面告知受理案件的人民法院；未及时告知的，人民法院按原地址送达，视为依法送达。

人民法院可以通过国家邮政机构以法院专递方式进行送达。

第五十二条 人民法院可以在当事人住所地以外向当事人直接送达诉讼文书。当事人拒绝签署送达回证的，采用拍照、录像等方式记录送达过程即视为送达。审判人员、书记员应当在送达回证上注明送达情况并签名。

六、起诉与受理

第五十三条 人民法院对符合起诉条件的案件应当立案，依法保障当事人行使诉讼权利。

对当事人依法提起的诉讼，人民法院应当根据行政诉讼法第五十一条的规定接收起诉状。能够判断符合起诉条件的，应当当场登记立案；当场不能判断是否符合起诉条件的，应当在接收起诉状后七日内决定是否立案；七日内仍不能作出判断的，应当先予立案。

第五十四条 依照行政诉讼法第四十九条的规定，公民、法人或者其他组织提起诉讼时应当提交以下起诉材料：

（一）原告的身份证明材料以及有效联系方式；

（二）被诉行政行为或者不作为存在的材料；

（三）原告与被诉行政行为具有利害关系的材料；

（四）人民法院认为需要提交的其他材料。

由法定代理人或者委托代理人代为起诉的，还应当在起诉状中写明或者在口头起诉时向人民法院说明法定代理人或者委托代理人的基本情况，并提交法定代理人或者委托代理人的身份证明和代理权限证明等材料。

第五十五条　依照行政诉讼法第五十一条的规定，人民法院应当就起诉状内容和材料是否完备以及是否符合行政诉讼法规定的起诉条件进行审查。

起诉状内容或者材料欠缺的，人民法院应当给予指导和释明，并一次性全面告知当事人需要补正的内容、补充的材料及期限。在指定期限内补正并符合起诉条件的，应当登记立案。当事人拒绝补正或者经补正仍不符合起诉条件的，退回诉状并记录在册；坚持起诉的，裁定不予立案，并载明不予立案的理由。

第五十六条　法律、法规规定应当先申请复议，公民、法人或者其他组织未申请复议直接提起诉讼的，人民法院裁定不予立案。

依照行政诉讼法第四十五条的规定，复议机关不受理复议申请或者在法定期限内不作出复议决定，公民、法人或者其他组织不服，依法向人民法院提起诉讼的，人民法院应当依法立案。

第五十七条　法律、法规未规定行政复议为提起行政诉讼必经程序，公民、法人或者其他组织既提起诉讼又申请行政复议的，由先立案的机关管辖；同时立案的，由公民、法人或者其他组织选择。公民、法人或者其他组织已经申请行政复议，在法定复议期间内又向人民法院提起诉讼的，人民法院裁定不予立案。

第五十八条　法律、法规未规定行政复议为提起行政诉讼必经程序，公民、法人或者其他组织向复议机关申请行政复议后，又经复议机关同意撤回复议申请，在法定起诉期限内对原行政行为提起诉讼的，人民法院应当依法立案。

第五十九条 公民、法人或者其他组织向复议机关申请行政复议后，复议机关作出维持决定的，应当以复议机关和原行为机关为共同被告，并以复议决定送达时间确定起诉期限。

第六十条 人民法院裁定准许原告撤诉后，原告以同一事实和理由重新起诉的，人民法院不予立案。

准予撤诉的裁定确有错误，原告申请再审的，人民法院应当通过审判监督程序撤销原准予撤诉的裁定，重新对案件进行审理。

第六十一条 原告或者上诉人未按规定的期限预交案件受理费，又不提出缓交、减交、免交申请，或者提出申请未获批准的，按自动撤诉处理。在按撤诉处理后，原告或者上诉人在法定期限内再次起诉或者上诉，并依法解决诉讼费预交问题的，人民法院应予立案。

第六十二条 人民法院判决撤销行政机关的行政行为后，公民、法人或者其他组织对行政机关重新作出的行政行为不服向人民法院起诉的，人民法院应当依法立案。

第六十三条 行政机关作出行政行为时，没有制作或者没有送达法律文书，公民、法人或者其他组织只要能证明行政行为存在，并在法定期限内起诉的，人民法院应当依法立案。

第六十四条 行政机关作出行政行为时，未告知公民、法人或者其他组织起诉期限的，起诉期限从公民、法人或者其他组织知道或者应当知道起诉期限之日起计算，但从知道或者应当知道行政行为内容之日起最长不得超过一年。

复议决定未告知公民、法人或者其他组织起诉期限的，适用前款规定。

第六十五条 公民、法人或者其他组织不知道行政机关作出的行政行为内容的，其起诉期限从知道或者应当知道该行政行为内容之日起计算，但最长不得超过行政诉讼法第四十六条第二款规定的起诉期限。

第六十六条 公民、法人或者其他组织依照行政诉讼法第四十七条第一款的规定，对行政机关不履行法定职责提起诉讼的，应当在行政机关履行法定职责期限届满之日起六个月内提出。

第六十七条 原告提供被告的名称等信息足以使被告与其他行政机关相区别的，可以认定为行政诉讼法第四十九条第二项规定的"有明确的被告"。

起诉状列写被告信息不足以认定明确的被告的，人民法院可以告知原告补正；原告补正后仍不能确定明确的被告的，人民法院裁定不予立案。

第六十八条 行政诉讼法第四十九条第三项规定的"有具体的诉讼请求"是指：

（一）请求判决撤销或者变更行政行为；

（二）请求判决行政机关履行特定法定职责或者给付义务；

（三）请求判决确认行政行为违法；

（四）请求判决确认行政行为无效；

（五）请求判决行政机关予以赔偿或者补偿；

（六）请求解决行政协议争议；

（七）请求一并审查规章以下规范性文件；

（八）请求一并解决相关民事争议；

（九）其他诉讼请求。

当事人单独或者一并提起行政赔偿、补偿诉讼的，应当有具体的赔偿、补偿事项以及数额；请求一并审查规章以下规范性文件的，应当提供明确的文件名称或者审查对象；请求一并解决相关民事争议的，应当有具体的民事诉讼请求。

当事人未能正确表达诉讼请求的，人民法院应当要求其明确诉讼请求。

第六十九条 有下列情形之一，已经立案的，应当裁定驳回起诉：

（一）不符合行政诉讼法第四十九条规定的；

（二）超过法定起诉期限且无行政诉讼法第四十八条规定情形的；

（三）错列被告且拒绝变更的；

（四）未按照法律规定由法定代理人、指定代理人、代表人为诉讼行为的；

（五）未按照法律、法规规定先向行政机关申请复议的；

（六）重复起诉的；

（七）撤回起诉后无正当理由再行起诉的；

（八）行政行为对其合法权益明显不产生实际影响的；

（九）诉讼标的已为生效裁判或者调解书所羁束的；

（十）其他不符合法定起诉条件的情形。

前款所列情形可以补正或者更正的，人民法院应当指定期间责令补正或者更正；在指定期间已经补正或者更正的，应当依法审理。

人民法院经过阅卷、调查或者询问当事人，认为不需要开庭审理的，可以径行裁定驳回起诉。

第七十条 起诉状副本送达被告后，原告提出新的诉讼请求的，人民法院不予准许，但有正当理由的除外。

七、审理与判决

第七十一条 人民法院适用普通程序审理案件,应当在开庭三日前用传票传唤当事人。对证人、鉴定人、勘验人、翻译人员,应当用通知书通知其到庭。当事人或者其他诉讼参与人在外地的,应当留有必要的在途时间。

第七十二条 有下列情形之一的,可以延期开庭审理:

(一)应当到庭的当事人和其他诉讼参与人有正当理由没有到庭的;

(二)当事人临时提出回避申请且无法及时作出决定的;

(三)需要通知新的证人到庭,调取新的证据,重新鉴定、勘验,或者需要补充调查的;

(四)其他应当延期的情形。

第七十三条 根据行政诉讼法第二十七条的规定,有下列情形之一的,人民法院可以决定合并审理:

(一)两个以上行政机关分别对同一事实作出行政行为,公民、法人或者其他组织不服向同一人民法院起诉的;

(二)行政机关就同一事实对若干公民、法人或者其他组织分别作出行政行为,公民、法人或者其他组织不服分别向同一人民法院起诉的;

(三)在诉讼过程中,被告对原告作出新的行政行为,原告不服向同一人民法院起诉的;

(四)人民法院认为可以合并审理的其他情形。

第七十四条 当事人申请回避,应当说明理由,在案件开始审理时提出；回避事由在案件开始审理后知道的，应当在法庭辩论终结前提出。

被申请回避的人员，在人民法院作出是否回避的决定前，应当暂停参与本案的工作，但案件需要采取紧急措施的除外。

对当事人提出的回避申请，人民法院应当在三日内以口头或者书面形式作出决定。对当事人提出的明显不属于法定回避事由的申请，法庭可以依法当庭驳回。

申请人对驳回回避申请决定不服的，可以向作出决定的人民法院申请复议一次。复议期间，被申请回避的人员不停止参与本案的工作。对申请人的复议申请，人民法院应当在三日内作出复议决定，并通知复议申请人。

第七十五条 在一个审判程序中参与过本案审判工作的审判人员，不得再参与该案其他程序的审判。

发回重审的案件，在一审法院作出裁判后又进入第二审程序的，原第二审程序中合议庭组成人员不受前款规定的限制。

第七十六条 人民法院对于因一方当事人的行为或者其他原因，可能使行政行为或者人民法院生效裁判不能或者难以执行的案件，根据对方当事人的申请，可以裁定对其财产进行保全、责令其作出一定行为或者禁止其作出一定行为；当事人没有提出申请的，人民法院在必要时也可以裁定采取上述保全措施。

人民法院采取保全措施，可以责令申请人提供担保；申请人不提供担保的，裁定驳回申请。

人民法院接受申请后，对情况紧急的，必须在四十八小时内作出裁定；裁定采取保全措施的，应当立即开始执行。

当事人对保全的裁定不服的，可以申请复议；复议期间不停止裁定的执行。

第七十七条 利害关系人因情况紧急，不立即申请保全将会使其合法权益受到难以弥补的损害的，可以在提起诉讼前向被保全财产所在地、被申请人住所地或者对案件有管辖权的人民法院申请采取保全措施。申请人应当提供担保，不提供担保的，裁定驳回申请。

人民法院接受申请后，必须在四十八小时内作出裁定；裁定采取保全措施的，应当立即开始执行。

申请人在人民法院采取保全措施后三十日内不依法提起诉讼的，人民法院应当解除保全。

当事人对保全的裁定不服的，可以申请复议；复议期间不停止裁定的执行。

第七十八条 保全限于请求的范围，或者与本案有关的财物。

财产保全采取查封、扣押、冻结或者法律规定的其他方法。人民法院保全财产后，应当立即通知被保全人。

财产已被查封、冻结的，不得重复查封、冻结。

涉及财产的案件，被申请人提供担保的，人民法院应当裁定解除保全。

申请有错误的，申请人应当赔偿被申请人因保全所遭受的损失。

第七十九条 原告或者上诉人申请撤诉，人民法院裁定不予准许的，原告或者上诉人经传票传唤无正当理由拒不到庭，或者未经法庭许可中途退庭的，人民法院可以缺席判决。

第三人经传票传唤无正当理由拒不到庭，或者未经法庭许可中途退庭的，不发生阻止案件审理的效果。

根据行政诉讼法第五十八条的规定，被告经传票传唤无正当理由拒不到庭，或者未经法庭许可中途退庭的，人民法院可以按期开庭或者继续开庭审理，对到庭的当事人诉讼请求、双方的诉辩理由以及已经提交的证据及其他诉讼材料进行审理后，依法缺席判决。

第八十条 原告或者上诉人在庭审中明确拒绝陈述或者以其他方式拒绝陈述，导致庭审无法进行，经法庭释明法律后果后仍不陈述意见的，视为放弃陈述权利，由其承担不利的法律后果。

当事人申请撤诉或者依法可以按撤诉处理的案件，当事人有违反法律的行为需要依法处理的，人民法院可以不准许撤诉或者不按撤诉处理。

法庭辩论终结后原告申请撤诉，人民法院可以准许，但涉及到国家利益和社会公共利益的除外。

第八十一条 被告在一审期间改变被诉行政行为的，应当书面告知人民法院。

原告或者第三人对改变后的行政行为不服提起诉讼的，人民法院应当就改变后的行政行为进行审理。

被告改变原违法行政行为，原告仍要求确认原行政行为违法的，人民法院应当依法作出确认判决。

原告起诉被告不作为，在诉讼中被告作出行政行为，原告不撤诉的，人民法院应当就不作为依法作出确认判决。

第八十二条 当事人之间恶意串通，企图通过诉讼等方式侵害国家利益、社会公共利益或者他人合法权益的，人民法院应当裁定驳回起诉或者判决驳回其请求，并根据情节轻重予以罚款、拘留；构成犯罪的，依法追究刑事责任。

第八十三条 行政诉讼法第五十九条规定的罚款、拘留可以单独适用，也可以合并适用。

对同一妨害行政诉讼行为的罚款、拘留不得连续适用。发生新的

155

妨害行政诉讼行为的，人民法院可以重新予以罚款、拘留。

第八十四条 人民法院审理行政诉讼法第六十条第一款规定的行政案件，认为法律关系明确、事实清楚，在征得当事人双方同意后，可以迳行调解。

第八十五条 调解达成协议，人民法院应当制作调解书。调解书应当写明诉讼请求、案件的事实和调解结果。

调解书由审判人员、书记员署名，加盖人民法院印章，送达双方当事人。

调解书经双方当事人签收后，即具有法律效力。调解书生效日期根据最后收到调解书的当事人签收的日期确定。

第八十六条 人民法院审理行政案件，调解过程不公开，但当事人同意公开的除外。

经人民法院准许，第三人可以参加调解。人民法院认为有必要的，可以通知第三人参加调解。

调解协议内容不公开，但为保护国家利益、社会公共利益、他人合法权益，人民法院认为确有必要公开的除外。

当事人一方或者双方不愿调解、调解未达成协议的，人民法院应当及时判决。

当事人自行和解或者调解达成协议后，请求人民法院按照和解协议或者调解协议的内容制作判决书的，人民法院不予准许。

第八十七条 在诉讼过程中，有下列情形之一的，中止诉讼：

（一）原告死亡，须等待其近亲属表明是否参加诉讼的；

（二）原告丧失诉讼行为能力，尚未确定法定代理人的；

（三）作为一方当事人的行政机关、法人或者其他组织终止，尚未确定权利义务承受人的；

（四）一方当事人因不可抗力的事由不能参加诉讼的；

（五）案件涉及法律适用问题，需要送请有权机关作出解释或者确认的；

（六）案件的审判须以相关民事、刑事或者其他行政案件的审理结果为依据，而相关案件尚未审结的；

（七）其他应当中止诉讼的情形。

中止诉讼的原因消除后，恢复诉讼。

第八十八条 在诉讼过程中，有下列情形之一的，终结诉讼：

（一）原告死亡，没有近亲属或者近亲属放弃诉讼权利的；

（二）作为原告的法人或者其他组织终止后，其权利义务的承受人放弃诉讼权利的。

因本解释第八十七条第一款第一、二、三项原因中止诉讼满九十日仍无人继续诉讼的，裁定终结诉讼，但有特殊情况的除外。

第八十九条 复议决定改变原行政行为错误，人民法院判决撤销复议决定时，可以一并责令复议机关重新作出复议决定或者判决恢复原行政行为的法律效力。

第九十条 人民法院判决被告重新作出行政行为，被告重新作出的行政行为与原行政行为的结果相同，但主要事实或者主要理由有改变的，不属于行政诉讼法第七十一条规定的情形。

人民法院以违反法定程序为由，判决撤销被诉行政行为的，行政机关重新作出行政行为不受行政诉讼法第七十一条规定的限制。

行政机关以同一事实和理由重新作出与原行政行为基本相同的行政行为，人民法院应当根据行政诉讼法第七十条、第七十一条的规定判决撤销或者部分撤销，并根据行政诉讼法第九十六条的规定处理。

第九十一条 原告请求被告履行法定职责的理由成立，被告违法拒绝履行或者无正当理由逾期不予答复的，人民法院可以根据行政诉讼法第七十二条的规定，判决被告在一定期限内依法履行原告请求的法定职责；尚需被告调查或者裁量的，应当判决被告针对原告的请求重新作出处理。

第九十二条 原告申请被告依法履行支付抚恤金、最低生活保障待遇或者社会保险待遇等给付义务的理由成立，被告依法负有给付义务而拒绝或者拖延履行义务的，人民法院可以根据行政诉讼法第七十三条的规定，判决被告在一定期限内履行相应的给付义务。

第九十三条 原告请求被告履行法定职责或者依法履行支付抚恤金、最低生活保障待遇或者社会保险待遇等给付义务，原告未先向行政机关提出申请的，人民法院裁定驳回起诉。

人民法院经审理认为原告所请求履行的法定职责或者给付义务明显不属于行政机关权限范围的，可以裁定驳回起诉。

第九十四条 公民、法人或者其他组织起诉请求撤销行政行为，人民法院经审查认为行政行为无效的，应当作出确认无效的判决。

公民、法人或者其他组织起诉请求确认行政行为无效，人民法院审查认为行政行为不属于无效情形，经释明，原告请求撤销行政行为的，应当继续审理并依法作出相应判决；原告请求撤销行政行为但超过法定起诉期限的，裁定驳回起诉；原告拒绝变更诉讼请求的，判决驳回其诉讼请求。

第九十五条 人民法院经审理认为被诉行政行为违法或者无效，可能给原告造成损失，经释明，原告请求一并解决行政赔偿争议的，人民法院可以就赔偿事项进行调解；调解不成的，应当一并判决。人民法院也可以告知其就赔偿事项另行提起诉讼。

第九十六条 有下列情形之一，且对原告依法享有的听证、陈述、申辩等重要程序性权利不产生实质损害的，属于行政诉讼法第七十四条第一款第二项规定的"程序轻微违法"：

（一）处理期限轻微违法；

（二）通知、送达等程序轻微违法；

（三）其他程序轻微违法的情形。

第九十七条 原告或者第三人的损失系由其自身过错和行政机关的违法行政行为共同造成的，人民法院应当依据各方行为与损害结果之间有无因果关系以及在损害发生和结果中作用力的大小，确定行政机关相应的赔偿责任。

第九十八条 因行政机关不履行、拖延履行法定职责，致使公民、法人或者其他组织的合法权益遭受损害的，人民法院应当判决行政机关承担行政赔偿责任。在确定赔偿数额时，应当考虑该不履行、拖延履行法定职责的行为在损害发生过程和结果中所起的作用等因素。

第九十九条 有下列情形之一的，属于行政诉讼法第七十五条规定的"重大且明显违法"：

（一）行政行为实施主体不具有行政主体资格；

（二）减损权利或者增加义务的行政行为没有法律规范依据；

（三）行政行为的内容客观上不可能实施；

（四）其他重大且明显违法的情形。

第一百条 人民法院审理行政案件，适用最高人民法院司法解释的，应当在裁判文书中援引。

人民法院审理行政案件，可以在裁判文书中引用合法有效的规章及其他规范性文件。

第一百零一条 裁定适用于下列范围：

（一）不予立案；

（二）驳回起诉；

（三）管辖异议；

（四）终结诉讼；

（五）中止诉讼；

（六）移送或者指定管辖；

（七）诉讼期间停止行政行为的执行或者驳回停止执行的申请；

（八）财产保全；

（九）先予执行；

（十）准许或者不准许撤诉；

（十一）补正裁判文书中的笔误；

（十二）中止或者终结执行；

（十三）提审、指令再审或者发回重审；

（十四）准许或者不准许执行行政机关的行政行为；

（十五）其他需要裁定的事项。

对第一、二、三项裁定，当事人可以上诉。

裁定书应当写明裁定结果和作出该裁定的理由。裁定书由审判人员、书记员署名，加盖人民法院印章。口头裁定的，记入笔录。

第一百零二条 行政诉讼法第八十二条规定的行政案件中的"事实清楚"，是指当事人对争议的事实陈述基本一致，并能提供相应的证据，无须人民法院调查收集证据即可查明事实；"权利义务关系明确"，是指行政法律关系中权利和义务能够明确区分；"争议不大"，是指当事人对行政行为的合法性、责任承担等没有实质分歧。

第一百零三条 适用简易程序审理的行政案件，人民法院可以用口头通知、电话、短信、传真、电子邮件等简便方式传唤当事人、通知证人、送达裁判文书以外的诉讼文书。

以简便方式送达的开庭通知，未经当事人确认或者没有其他证据证明当事人已经收到的，人民法院不得缺席判决。

第一百零四条 适用简易程序案件的举证期限由人民法院确定，也可以由当事人协商一致并经人民法院准许，但不得超过十五日。被告要求书面答辩的，人民法院可以确定合理的答辩期间。

人民法院应当将举证期限和开庭日期告知双方当事人，并向当事人说明逾期举证以及拒不到庭的法律后果，由双方当事人在笔录和开庭传票的送达回证上签名或者捺印。

当事人双方均表示同意立即开庭或者缩短举证期限、答辩期间的，人民法院可以立即开庭审理或者确定近期开庭。

第一百零五条 人民法院发现案情复杂，需要转为普通程序审理的，应当在审理期限届满前作出裁定并将合议庭组成人员及相关事项书面通知双方当事人。

案件转为普通程序审理的，审理期限自人民法院立案之日起计算。

第一百零六条 当事人就已经提起诉讼的事项在诉讼过程中或者裁判生效后再次起诉，同时具有下列情形的，构成重复起诉：

（一）后诉与前诉的当事人相同；

（二）后诉与前诉的诉讼标的相同；

（三）后诉与前诉的诉讼请求相同，或者后诉的诉讼请求被前诉裁判所包含。

第一百零七条 第一审人民法院作出判决和裁定后，当事人均提起上诉的，上诉各方均为上诉人。

诉讼当事人中的一部分人提出上诉，没有提出上诉的对方当事人为被上诉人，其他当事人依原审诉讼地位列明。

第一百零八条 当事人提出上诉，应当按照其他当事人或者诉讼代表人的人数提出上诉状副本。

原审人民法院收到上诉状，应当在五日内将上诉状副本发送其他当事人，对方当事人应当在收到上诉状副本之日起十五日内提出答辩状。

原审人民法院应当在收到答辩状之日起五日内将副本发送上诉人。对方当事人不提出答辩状的，不影响人民法院审理。

原审人民法院收到上诉状、答辩状，应当在五日内连同全部案卷和证据，报送第二审人民法院；已经预收的诉讼费用，一并报送。

第一百零九条 第二审人民法院经审理认为原审人民法院不予立案或者驳回起诉的裁定确有错误且当事人的起诉符合起诉条件的，应当裁定撤销原审人民法院的裁定，指令原审人民法院依法立案或者继续审理。

第二审人民法院裁定发回原审人民法院重新审理的行政案件，原审人民法院应当另行组成合议庭进行审理。

原审判决遗漏了必须参加诉讼的当事人或者诉讼请求的，第二审人民法院应当裁定撤销原审判决，发回重审。

原审判决遗漏行政赔偿请求，第二审人民法院经审查认为依法不应当予以赔偿的，应当判决驳回行政赔偿请求。

原审判决遗漏行政赔偿请求，第二审人民法院经审理认为依法应当予以赔偿的，在确认被诉行政行为违法的同时，可以就行政赔偿问题进行调解；调解不成的，应当就行政赔偿部分发回重审。

当事人在第二审期间提出行政赔偿请求的，第二审人民法院可以进行调解；调解不成的，应当告知当事人另行起诉。

第一百一十条 当事人向上一级人民法院申请再审，应当在判决、裁定或者调解书发生法律效力后六个月内提出。有下列情形之一的，自知道或者应当知道之日起六个月内提出：

（一）有新的证据，足以推翻原判决、裁定的；

（二）原判决、裁定认定事实的主要证据是伪造的；

（三）据以作出原判决、裁定的法律文书被撤销或者变更的；

（四）审判人员审理该案件时有贪污受贿、徇私舞弊、枉法裁判行为的。

第一百一十一条 当事人申请再审的，应当提交再审申请书等材料。人民法院认为有必要的，可以自收到再审申请书之日起五日内将再审申请书副本发送对方当事人。对方当事人应当自收到再审申请书副本之日起十五日内提交书面意见。人民法院可以要求申请人和对方当事人补充有关材料，询问有关事项。

第一百一十二条 人民法院应当自再审申请案件立案之日起六个月内审查，有特殊情况需要延长的，由本院院长批准。

第一百一十三条 人民法院根据审查再审申请案件的需要决定是否询问当事人；新的证据可能推翻原判决、裁定的，人民法院应当询问当事人。

第一百一十四条 审查再审申请期间，被申请人及原审其他当事人依法提出再审申请的，人民法院应当将其列为再审申请人，对其再审事由一并审查，审查期限重新计算。经审查，其中一方再审申请人主张的再审事由成立的，应当裁定再审。各方再审申请人主张的再审事由均不成立的，一并裁定驳回再审申请。

第一百一十五条 审查再审申请期间，再审申请人申请人民法院委托鉴定、勘验的，人民法院不予准许。

审查再审申请期间，再审申请人撤回再审申请的，是否准许，由人民法院裁定。

再审申请人经传票传唤，无正当理由拒不接受询问的，按撤回再审申请处理。

人民法院准许撤回再审申请或者按撤回再审申请处理后，再审申请人再次申请再审的，不予立案，但有行政诉讼法第九十一条第二项、第三项、第七项、第八项规定情形，自知道或者应当知道之日起六个月内提出的除外。

第一百一十六条　当事人主张的再审事由成立，且符合行政诉讼法和本解释规定的申请再审条件的，人民法院应当裁定再审。

当事人主张的再审事由不成立，或者当事人申请再审超过法定申请再审期限、超出法定再审事由范围等不符合行政诉讼法和本解释规定的申请再审条件的，人民法院应当裁定驳回再审申请。

第一百一十七条　有下列情形之一的，当事人可以向人民检察院申请抗诉或者检察建议：

（一）人民法院驳回再审申请的；

（二）人民法院逾期未对再审申请作出裁定的；

（三）再审判决、裁定有明显错误的。

人民法院基于抗诉或者检察建议作出再审判决、裁定后，当事人申请再审的，人民法院不予立案。

第一百一十八条　按照审判监督程序决定再审的案件，裁定中止原判决、裁定、调解书的执行，但支付抚恤金、最低生活保障费或者社会保险待遇的案件，可以不中止执行。

上级人民法院决定提审或者指令下级人民法院再审的，应当作出裁定，裁定应当写明中止原判决的执行；情况紧急的，可以将中止执行的裁定口头通知负责执行的人民法院或者作出生效判决、裁定的人民法院，但应当在口头通知后十日内发出裁定书。

第一百一十九条 人民法院按照审判监督程序再审的案件，发生法律效力的判决、裁定是由第一审法院作出的，按照第一审程序审理，所作的判决、裁定，当事人可以上诉；发生法律效力的判决、裁定是由第二审法院作出的，按照第二审程序审理，所作的判决、裁定，是发生法律效力的判决、裁定；上级人民法院按照审判监督程序提审的，按照第二审程序审理，所作的判决、裁定是发生法律效力的判决、裁定。

人民法院审理再审案件，应当另行组成合议庭。

第一百二十条 人民法院审理再审案件应当围绕再审请求和被诉行政行为合法性进行。当事人的再审请求超出原审诉讼请求，符合另案诉讼条件的，告知当事人可以另行起诉。

被申请人及原审其他当事人在庭审辩论结束前提出的再审请求，符合本解释规定的申请期限的，人民法院应当一并审理。

人民法院经再审，发现已经发生法律效力的判决、裁定损害国家利益、社会公共利益、他人合法权益的，应当一并审理。

第一百二十一条 再审审理期间，有下列情形之一的，裁定终结再审程序：

（一）再审申请人在再审期间撤回再审请求，人民法院准许的；

（二）再审申请人经传票传唤，无正当理由拒不到庭的，或者未经法庭许可中途退庭，按撤回再审请求处理的；

（三）人民检察院撤回抗诉的；

（四）其他应当终结再审程序的情形。

因人民检察院提出抗诉裁定再审的案件，申请抗诉的当事人有前款规定的情形，且不损害国家利益、社会公共利益或者他人合法权益的，人民法院裁定终结再审程序。

再审程序终结后，人民法院裁定中止执行的原生效判决自动恢复执行。

第一百二十二条 人民法院审理再审案件，认为原生效判决、裁定确有错误，在撤销原生效判决或者裁定的同时，可以对生效判决、裁定的内容作出相应裁判，也可以裁定撤销生效判决或者裁定，发回作出生效判决、裁定的人民法院重新审理。

第一百二十三条 人民法院审理二审案件和再审案件，对原审法院立案、不予立案或者驳回起诉错误的，应当分别情况作如下处理：

（一）第一审人民法院作出实体判决后，第二审人民法院认为不应当立案的，在撤销第一审人民法院判决的同时，可以迳行驳回起诉；

（二）第二审人民法院维持第一审人民法院不予立案裁定错误的，再审法院应当撤销第一审、第二审人民法院裁定，指令第一审人民法院受理；

（三）第二审人民法院维持第一审人民法院驳回起诉裁定错误的，再审法院应当撤销第一审、第二审人民法院裁定，指令第一审人民法院审理。

第一百二十四条 人民检察院提出抗诉的案件，接受抗诉的人民法院应当自收到抗诉书之日起三十日内作出再审的裁定；有行政诉讼法第九十一条第二、三项规定情形之一的，可以指令下一级人民法院再审，但经该下一级人民法院再审过的除外。

人民法院在审查抗诉材料期间，当事人之间已经达成和解协议的，人民法院可以建议人民检察院撤回抗诉。

第一百二十五条 人民检察院提出抗诉的案件，人民法院再审开庭时，应当在开庭三日前通知人民检察院派员出庭。

第一百二十六条 人民法院收到再审检察建议后，应当组成合议庭，在三个月内进行审查，发现原判决、裁定、调解书确有错误，需要再审的，依照行政诉讼法第九十二条规定裁定再审，并通知当事人；经审查，决定不予再审的，应当书面回复人民检察院。

第一百二十七条 人民法院审理因人民检察院抗诉或者检察建议裁定再审的案件，不受此前已经作出的驳回当事人再审申请裁定的限制。

八、行政机关负责人出庭应诉

第一百二十八条 行政诉讼法第三条第三款规定的行政机关负责人，包括行政机关的正职、副职负责人以及其他参与分管的负责人。

行政机关负责人出庭应诉的，可以另行委托一至二名诉讼代理人。行政机关负责人不能出庭的，应当委托行政机关相应的工作人员出庭，不得仅委托律师出庭。

第一百二十九条 涉及重大公共利益、社会高度关注或者可能引发群体性事件等案件以及人民法院书面建议行政机关负责人出庭的案件，被诉行政机关负责人应当出庭。

被诉行政机关负责人出庭应诉的，应当在当事人及其诉讼代理人基本情况、案件由来部分予以列明。

行政机关负责人有正当理由不能出庭应诉的，应当向人民法院提交情况说明，并加盖行政机关印章或者由该机关主要负责人签字认可。

行政机关拒绝说明理由的，不发生阻止案件审理的效果，人民法院可以向监察机关、上一级行政机关提出司法建议。

第一百三十条 行政诉讼法第三条第三款规定的"行政机关相应的工作人员",包括该行政机关具有国家行政编制身份的工作人员以及其他依法履行公职的人员。

被诉行政行为是地方人民政府作出的,地方人民政府法制工作机构的工作人员,以及被诉行政行为具体承办机关工作人员,可以视为被诉人民政府相应的工作人员。

第一百三十一条 行政机关负责人出庭应诉的,应当向人民法院提交能够证明该行政机关负责人职务的材料。

行政机关委托相应的工作人员出庭应诉的,应当向人民法院提交加盖行政机关印章的授权委托书,并载明工作人员的姓名、职务和代理权限。

第一百三十二条 行政机关负责人和行政机关相应的工作人员均不出庭,仅委托律师出庭的或者人民法院书面建议行政机关负责人出庭应诉,行政机关负责人不出庭应诉的,人民法院应当记录在案和在裁判文书中载明,并可以建议有关机关依法作出处理。

九、复议机关作共同被告

第一百三十三条 行政诉讼法第二十六条第二款规定的"复议机关决定维持原行政行为",包括复议机关驳回复议申请或者复议请求的情形,但以复议申请不符合受理条件为由驳回的除外。

第一百三十四条 复议机关决定维持原行政行为的,作出原行政行为的行政机关和复议机关是共同被告。原告只起诉作出原行政行为的行政机关或者复议机关的,人民法院应当告知原告追加被告。原告不同意追加的,人民法院应当将另一机关列为共同被告。

行政复议决定既有维持原行政行为内容,又有改变原行政行为内容或者不予受理申请内容的,作出原行政行为的行政机关和复议机关为共同被告。

复议机关作共同被告的案件,以作出原行政行为的行政机关确定案件的级别管辖。

第一百三十五条 复议机关决定维持原行政行为的,人民法院应当在审查原行政行为合法性的同时,一并审查复议决定的合法性。

作出原行政行为的行政机关和复议机关对原行政行为合法性共同承担举证责任,可以由其中一个机关实施举证行为。复议机关对复议决定的合法性承担举证责任。

复议机关作共同被告的案件,复议机关在复议程序中依法收集和补充的证据,可以作为人民法院认定复议决定和原行政行为合法的依据。

第一百三十六条 人民法院对原行政行为作出判决的同时,应当对复议决定一并作出相应判决。

人民法院依职权追加作出原行政行为的行政机关或者复议机关为共同被告的,对原行政行为或者复议决定可以作出相应判决。

人民法院判决撤销原行政行为和复议决定的,可以判决作出原行政行为的行政机关重新作出行政行为。

人民法院判决作出原行政行为的行政机关履行法定职责或者给付义务的,应当同时判决撤销复议决定。

原行政行为合法、复议决定违法的,人民法院可以判决撤销复议决定或者确认复议决定违法,同时判决驳回原告针对原行政行为的诉讼请求。

169

原行政行为被撤销、确认违法或者无效，给原告造成损失的，应当由作出原行政行为的行政机关承担赔偿责任；因复议决定加重损害的，由复议机关对加重部分承担赔偿责任。

原行政行为不符合复议或者诉讼受案范围等受理条件，复议机关作出维持决定的，人民法院应当裁定一并驳回对原行政行为和复议决定的起诉。

十、相关民事争议的一并审理

第一百三十七条 公民、法人或者其他组织请求一并审理行政诉讼法第六十一条规定的相关民事争议，应当在第一审开庭审理前提出；有正当理由的，也可以在法庭调查中提出。

第一百三十八条 人民法院决定在行政诉讼中一并审理相关民事争议，或者案件当事人一致同意相关民事争议在行政诉讼中一并解决，人民法院准许的，由受理行政案件的人民法院管辖。

公民、法人或者其他组织请求一并审理相关民事争议，人民法院经审查发现行政案件已经超过起诉期限，民事案件尚未立案的，告知当事人另行提起民事诉讼；民事案件已经立案的，由原审判组织继续审理。

人民法院在审理行政案件中发现民事争议为解决行政争议的基础，当事人没有请求人民法院一并审理相关民事争议的，人民法院应当告知当事人依法申请一并解决民事争议。当事人就民事争议另行提起民事诉讼并已立案的，人民法院应当中止行政诉讼的审理。民事争议处理期间不计算在行政诉讼审理期限内。

第一百三十九条 有下列情形之一的，人民法院应当作出不予准

许一并审理民事争议的决定,并告知当事人可以依法通过其他渠道主张权利:

(一)法律规定应当由行政机关先行处理的;

(二)违反民事诉讼法专属管辖规定或者协议管辖约定的;

(三)约定仲裁或者已经提起民事诉讼的;

(四)其他不宜一并审理民事争议的情形。

对不予准许的决定可以申请复议一次。

第一百四十条 人民法院在行政诉讼中一并审理相关民事争议的,民事争议应当单独立案,由同一审判组织审理。

人民法院审理行政机关对民事争议所作裁决的案件,一并审理民事争议的,不另行立案。

第一百四十一条 人民法院一并审理相关民事争议,适用民事法律规范的相关规定,法律另有规定的除外。

当事人在调解中对民事权益的处分,不能作为审查被诉行政行为合法性的根据。

第一百四十二条 对行政争议和民事争议应当分别裁判。

当事人仅对行政裁判或者民事裁判提出上诉的,未上诉的裁判在上诉期满后即发生法律效力。第一审人民法院应当将全部案卷一并移送第二审人民法院,由行政审判庭审理。第二审人民法院发现未上诉的生效裁判确有错误的,应当按照审判监督程序再审。

第一百四十三条 行政诉讼原告在宣判前申请撤诉的,是否准许由人民法院裁定。人民法院裁定准许行政诉讼原告撤诉,但其对已经提起的一并审理相关民事争议不撤诉的,人民法院应当继续审理。

第一百四十四条 人民法院一并审理相关民事争议,应当按行政案件、民事案件的标准分别收取诉讼费用。

十一、规范性文件的一并审查

第一百四十五条 公民、法人或者其他组织在对行政行为提起诉讼时一并请求对所依据的规范性文件审查的，由行政行为案件管辖法院一并审查。

第一百四十六条 公民、法人或者其他组织请求人民法院一并审查行政诉讼法第五十三条规定的规范性文件，应当在第一审开庭审理前提出；有正当理由的，也可以在法庭调查中提出。

第一百四十七条 人民法院在对规范性文件审查过程中，发现规范性文件可能不合法的，应当听取规范性文件制定机关的意见。

制定机关申请出庭陈述意见的，人民法院应当准许。

行政机关未陈述意见或者未提供相关证明材料的，不能阻止人民法院对规范性文件进行审查。

第一百四十八条 人民法院对规范性文件进行一并审查时，可以从规范性文件制定机关是否超越权限或者违反法定程序、作出行政行为所依据的条款以及相关条款等方面进行。

有下列情形之一的，属于行政诉讼法第六十四条规定的"规范性文件不合法"：

（一）超越制定机关的法定职权或者超越法律、法规、规章的授权范围的；

（二）与法律、法规、规章等上位法的规定相抵触的；

（三）没有法律、法规、规章依据，违法增加公民、法人和其他组织义务或者减损公民、法人和其他组织合法权益的；

（四）未履行法定批准程序、公开发布程序，严重违反制定程序的；

（五）其他违反法律、法规以及规章规定的情形。

第一百四十九条 人民法院经审查认为行政行为所依据的规范性文件合法的，应当作为认定行政行为合法的依据；经审查认为规范性文件不合法的，不作为人民法院认定行政行为合法的依据，并在裁判理由中予以阐明。作出生效裁判的人民法院应当向规范性文件的制定机关提出处理建议，并可以抄送制定机关的同级人民政府、上一级行政机关、监察机关以及规范性文件的备案机关。

规范性文件不合法的，人民法院可以在裁判生效之日起三个月内，向规范性文件制定机关提出修改或者废止该规范性文件的司法建议。

规范性文件由多个部门联合制定的，人民法院可以向该规范性文件的主办机关或者共同上一级行政机关发送司法建议。

接收司法建议的行政机关应当在收到司法建议之日起六十日内予以书面答复。情况紧急的，人民法院可以建议制定机关或者其上一级行政机关立即停止执行该规范性文件。

第一百五十条 人民法院认为规范性文件不合法的，应当在裁判生效后报送上一级人民法院进行备案。涉及国务院部门、省级行政机关制定的规范性文件，司法建议还应当分别层报最高人民法院、高级人民法院备案。

第一百五十一条 各级人民法院院长对本院已经发生法律效力的判决、裁定，发现规范性文件合法性认定错误，认为需要再审的，应当提交审判委员会讨论。

最高人民法院对地方各级人民法院已经发生法律效力的判决、裁定，上级人民法院对下级人民法院已经发生法律效力的判决、裁定，发现规范性文件合法性认定错误的，有权提审或者指令下级人民法院再审。

十二、执　　行

第一百五十二条　对发生法律效力的行政判决书、行政裁定书、行政赔偿判决书和行政调解书，负有义务的一方当事人拒绝履行的，对方当事人可以依法申请人民法院强制执行。

人民法院判决行政机关履行行政赔偿、行政补偿或者其他行政给付义务，行政机关拒不履行的，对方当事人可以依法向法院申请强制执行。

第一百五十三条　申请执行的期限为二年。申请执行时效的中止、中断，适用法律有关规定。

申请执行的期限从法律文书规定的履行期间最后一日起计算；法律文书规定分期履行的，从规定的每次履行期间的最后一日起计算；法律文书中没有规定履行期限的，从该法律文书送达当事人之日起计算。

逾期申请的，除有正当理由外，人民法院不予受理。

第一百五十四条　发生法律效力的行政判决书、行政裁定书、行政赔偿判决书和行政调解书，由第一审人民法院执行。

第一审人民法院认为情况特殊，需要由第二审人民法院执行的，可以报请第二审人民法院执行；第二审人民法院可以决定由其执行，也可以决定由第一审人民法院执行。

第一百五十五条　行政机关根据行政诉讼法第九十七条的规定申请执行其行政行为，应当具备以下条件：

（一）行政行为依法可以由人民法院执行；

（二）行政行为已经生效并具有可执行内容；

（三）申请人是作出该行政行为的行政机关或者法律、法规、规章授权的组织；

（四）被申请人是该行政行为所确定的义务人；

（五）被申请人在行政行为确定的期限内或者行政机关催告期限内未履行义务；

（六）申请人在法定期限内提出申请；

（七）被申请执行的行政案件属于受理执行申请的人民法院管辖。

行政机关申请人民法院执行，应当提交行政强制法第五十五条规定的相关材料。

人民法院对符合条件的申请，应当在五日内立案受理，并通知申请人；对不符合条件的申请，应当裁定不予受理。行政机关对不予受理裁定有异议，在十五日内向上一级人民法院申请复议的，上一级人民法院应当在收到复议申请之日起十五日内作出裁定。

第一百五十六条 没有强制执行权的行政机关申请人民法院强制执行其行政行为，应当自被执行人的法定起诉期限届满之日起三个月内提出。逾期申请的，除有正当理由外，人民法院不予受理。

第一百五十七条 行政机关申请人民法院强制执行其行政行为的，由申请人所在地的基层人民法院受理；执行对象为不动产的，由不动产所在地的基层人民法院受理。

基层人民法院认为执行确有困难的，可以报请上级人民法院执行；上级人民法院可以决定由其执行，也可以决定由下级人民法院执行。

第一百五十八条 行政机关根据法律的授权对平等主体之间民事争议作出裁决后，当事人在法定期限内不起诉又不履行，作出裁决的行政机关在申请执行的期限内未申请人民法院强制执行的，生效行政裁决确定的权利人或者其继承人、权利承受人在六个月内可以申请人民法院强制执行。

享有权利的公民、法人或者其他组织申请人民法院强制执行生效行政裁决，参照行政机关申请人民法院强制执行行政行为的规定。

第一百五十九条　行政机关或者行政行为确定的权利人申请人民法院强制执行前，有充分理由认为被执行人可能逃避执行的，可以申请人民法院采取财产保全措施。后者申请强制执行的，应当提供相应的财产担保。

第一百六十条　人民法院受理行政机关申请执行其行政行为的案件后，应当在七日内由行政审判庭对行政行为的合法性进行审查，并作出是否准予执行的裁定。

人民法院在作出裁定前发现行政行为明显违法并损害被执行人合法权益的，应当听取被执行人和行政机关的意见，并自受理之日起三十日内作出是否准予执行的裁定。

需要采取强制执行措施的，由本院负责强制执行非诉行政行为的机构执行。

第一百六十一条　被申请执行的行政行为有下列情形之一的，人民法院应当裁定不准予执行：

（一）实施主体不具有行政主体资格的；

（二）明显缺乏事实根据的；

（三）明显缺乏法律、法规依据的；

（四）其他明显违法并损害被执行人合法权益的情形。

行政机关对不准予执行的裁定有异议，在十五日内向上一级人民法院申请复议的，上一级人民法院应当在收到复议申请之日起三十日内作出裁定。

十三、附　　则

第一百六十二条　公民、法人或者其他组织对2015年5月1日之前作出的行政行为提起诉讼，请求确认行政行为无效的，人民法院不予立案。

第一百六十三条　本解释自2018年2月8日起施行。

本解释施行后，《最高人民法院关于执行〈中华人民共和国行政诉讼法〉若干问题的解释》（法释〔2000〕8号）、《最高人民法院关于适用〈中华人民共和国行政诉讼法〉若干问题的解释》（法释〔2015〕9号）同时废止。最高人民法院以前发布的司法解释与本解释不一致的，不再适用。

最高人民法院关于第一审知识产权民事、行政案件管辖的若干规定

(2021年12月27日最高人民法院审判委员会第1858次会议通过 2022年4月20日最高人民法院公告公布 自2022年5月1日起施行 法释〔2022〕13号)

为进一步完善知识产权案件管辖制度，合理定位四级法院审判职能，根据《中华人民共和国民事诉讼法》《中华人民共和国行政诉讼法》等法律规定，结合知识产权审判实践，制定本规定。

第一条 发明专利、实用新型专利、植物新品种、集成电路布图设计、技术秘密、计算机软件的权属、侵权纠纷以及垄断纠纷第一审民事、行政案件由知识产权法院，省、自治区、直辖市人民政府所在地的中级人民法院和最高人民法院确定的中级人民法院管辖。

法律对知识产权法院的管辖有规定的，依照其规定。

第二条 外观设计专利的权属、侵权纠纷以及涉驰名商标认定第一审民事、行政案件由知识产权法院和中级人民法院管辖；经最高人民法院批准，也可以由基层人民法院管辖，但外观设计专利行政案件除外。

本规定第一条及本条第一款规定之外的第一审知识产权案件诉讼标的额在最高人民法院确定的数额以上的，以及涉及国务院部门、县级以上地方人民政府或者海关行政行为的，由中级人民法院管辖。

法律对知识产权法院的管辖有规定的，依照其规定。

第三条 本规定第一条、第二条规定之外的第一审知识产权民

事、行政案件，由最高人民法院确定的基层人民法院管辖。

第四条 对新类型、疑难复杂或者具有法律适用指导意义等知识产权民事、行政案件，上级人民法院可以依照诉讼法有关规定，根据下级人民法院报请或者自行决定提级审理。

确有必要将本院管辖的第一审知识产权民事案件交下级人民法院审理的，应当依照民事诉讼法第三十九条第一款的规定，逐案报请其上级人民法院批准。

第五条 依照本规定需要最高人民法院确定管辖或者调整管辖的诉讼标的额标准、区域范围的，应当层报最高人民法院批准。

第六条 本规定自2022年5月1日起施行。

最高人民法院此前发布的司法解释与本规定不一致的，以本规定为准。